A QUESTÃO DA MACEDÓNIA

*UMA PERSPECTIVA DA ORGANIZAÇÃO
PARA A SEGURANÇA E A COOPERAÇÃO NA EUROPA
SOB A ACTUAL PRESIDÊNCIA PORTUGUESA*

Do mesmo Autor:

– *O Problema do Kosovo no quadro da Desintegração da Jugoslávia.* Almedina, 2000.

HUGO S. C. DE MONCADA

A QUESTÃO DA MACEDÓNIA

*UMA PERSPECTIVA DA ORGANIZAÇÃO
PARA A SEGURANÇA E A COOPERAÇÃO NA EUROPA
SOB A ACTUAL PRESIDÊNCIA PORTUGUESA*

ALMEDINA

TÍTULO:	A QUESTÃO DA MACEDÓNIA UMA PERSPECTIVA DA ORGANIZAÇÃO PARA A SEGURANÇA E A COOPERAÇÃO NA EUROPA SOB A ACTUAL PRESIDÊNCIA PORTUGUESA
AUTOR:	HUGO S. C. DE MONCADA
EDITOR:	LIVRARIA ALMEDINA – COIMBRA www.almedina.net
LIVRARIAS:	LIVRARIA ALMEDINA ARCO DE ALMEDINA, 15 TELEF. 239851900 FAX 239851901 3004-509 COIMBRA – PORTUGAL livraria@almedina.net
	LIVRARIA ALMEDINA ARRÁBIDA SHOPPING, LOJA 158 PRACETA HENRIQUE MOREIRA AFURADA 4400-475 V. N. GAIA – PORTUGAL arrabida@almedina.net
	LIVRARIA ALMEDINA – PORTO R. DE CEUTA, 79 TELEF. 222059773 FAX 222039497 4050-191 PORTO – PORTUGAL porto@almedina.net
	EDIÇÕES GLOBO, LDA. R. S. FILIPE NERY, 37-A (AO RATO) TELEF. 213857619 FAX 213844661 1250-225 LISBOA – PORTUGAL globo@almedina.net
	LIVRARIA ALMEDINA ATRIUM SALDANHA LOJAS 71 A 74 PRAÇA DUQUE DE SALDANHA, 1 TELEF. 213712690 1050-094 LISBOA atrium@almedina.net
	LIVRARIA ALMEDINA – BRAGA CAMPUS DE GUALTAR, UNIVERSIDADE DO MINHO, 4700-320 BRAGA TELEF. 253678822 braga@almedina.net
EXECUÇÃO GRÁFICA:	G.C. – GRÁFICA DE COIMBRA, LDA. PALHEIRA – ASSAFARGE 3001-453 COIMBRA E-mail: producao@graficadecoimbra.pt
DEPÓSITO LEGAL:	189072/02

Toda a reprodução desta obra, por fotocópia ou outro qualquer processo, sem prévia autorização escrita do Editor, é ilícita e passível de procedimento judicial contra o infractor.

Hugo S. C. de Moncada
Monte Estoril
19-7-2002

PREFÁCIO

Prefaciar a última obra do Dr. Hugo Cabral de Moncada constitui para mim um desafio e uma grata, ainda que dolorosa, incumbência.

Um desafio, porque formular os comentários introdutórios de uma obra com a consciência que não poderão ser confrontados com a própria percepção do autor relativamente ao seu trabalho – e aos objectivos que se propôs – representa inegavelmente uma proposta de dificuldade extrema.

Uma grata incumbência porque a memória do autor prevalece na minha própria memória como uma recordação especial. Conheci o Hugo Cabral de Moncada. Escolheu a carreira que seu pai e eu próprio escolhêramos anos antes e acompanhei o seu percurso profissional, muito embora nunca tivesse tido a oportunidade de com ele trabalhar. Constatei, na leitura das suas obras anteriores, a dedicação, o rigor e avaliação crítica que impunha nos seus trabalhos.

A presente obra confirma esta percepção. Estamos perante um trabalho de actualidade inquestionável, sobre um tema fundamental para a compreensão da história europeia recente, elaborado com um sentido que permite uma visão integrada da questão macedónica através dos tempos.

Através da evocação e da leitura exaustiva e paciente, e sobretudo analítica, do passado, o autor perspectiva o futuro.

Remontando a tempos imemoriais e percorrendo a história da Macedónia até acontecimentos mais recentes, não descura o autor nunhuma pista, independentemente do seu carácter político, social ou mesmo literário, acompanhando essa investigação com uma visão crítica, que identifica lucidamente as grandes questões da problemática macedónica, a sua integração na eterna questão balcânica e a própria redefinição dos estados da ex-Jugoslávia.

Indo para além do registo histórico, a obra sugere ainda algumas pistas de reflexão sobre os caminhos que se oferecem a esta problemática intemporal, constituindo igualmente uma das sólidas bases de investigação sobre a OSCE disponíveis no nosso país.

Por isso, embora infelizmente num momento tardio, agradeço em modo egoísta ao Hugo Cabral de Moncada o esforço e o gosto de nos deixar este trabalho como testemunho da sua capacidade intelectual e do seu interesse profissional pelas coisas que contam.

Embaixador João Guerra Salgueiro

PALAVRAS PRÉVIAS

O Trabalho que se segue foi iniciado para servir de base a uma conferência na Universidade Moderna, para que fui amavelmente convidado pelo Professor Dr. Rui de Melo e Albuquerque, e que foi proferida em Abril do ano corrente.

No seguimento do estudo a que então procedi, fui reunindo mais informações e reflexões no propósito de o actualizar para efeitos de possível publicação.

A actualização do estudo foi-me facilitada pela circunstância de ter estado em serviço recentemente na Direcção Geral das Organizações Políticas Multilaterais da Secretaria de Estado.

Tal circunstância associada ao facto de caber a Portugal a Presidência da O.S.C.E. no decurso desse ano, levou-me a ampliar um pouco a parte do trabalho relativa a esta organização, na esperança de assim corresponder ao interesse do eventual leitor.

Expresso os meus agradecimentos ao Professor Dr. Rui de Melo e Albuquerque pelo amável convite para aquela conferência e a Sua Exª o Embaixador Secretário Geral do Ministério dos Negócios Estrangeiros Dr. João Guerra Salgueiro, pela autorização que se dignou facultar-me, quer para a conferência anterior, quer para a publicação do trabalho que se segue.

Monte Estoril
19-VII-2002
HUGO S. C. DE MONCADA

PLANO

	Pág.
PREFÁCIO	7
PALAVRAS PRÉVIAS	9
INTRODUÇÃO	13
I. PANORAMA GEO-ESTRATÉGICO	25
II. RELANCE HISTÓRICO	31
1. O Reino da Macedónia	31
2. O Império Romano	32
3. O Império Otomano	35
4. A Balcanização e sua Internacionalização	38
III. ACTUALIDADE	49
5. A Federação Jugoslava e a Etnogénese da Macedónia	49
6. A Rebalcanização	51
7. A Nova Internacionalização da Questão Balcânica	53
8. A Independência da Macedónia	54
9. A Reabertura da Questão Macedónica	57
10. A Nova Internacionalização da Questão Macedónica	62
IV. A ORGANIZAÇÃO PARA A SEGURANÇA E A COOPERAÇÃO NA EUROPA	73
11. Origens da O.S.C.E.	74
12. Reorientação da O.S.C.E.	78
13. Características Actuais da O.S.C.E.	83
14. As Missões da O.S.C.E. no Terreno	85
15. O "Modus Operandi" das Missões da O.S.C.E.	86

16. A O.S.C.E. e a Questão Balcânica 90
17. A O.S.C.E. e a Actual Questão Macedónica 92
18. A Missão "Spill Over" 94

V. A PRESIDÊNCIA PORTUGUESA DA O.S.C.E 101
19. O Conselho dos Ministros dos Negócios Estrangeiros da
O.S.C.E 101
20. O Presidente em Exercício do Conselho de Ministros 102
21. Linhas de Orientação da Presidência Portuguesa 103
22. Directivas Específicas 108
23. Início da Presidência Portuguesa 112

VI. DESENVOLVIMENTOS POSSÍVEIS 117
24. Separatismo Pro-Albanês 117
25. Separatismo Pro-Búlgaro 120
26. Consolidação do "Status Quo" 121

VII. RESUMO 127

VIII. CONSIDERAÇÕES FINAIS 131
27. A N.A.T.O., suas Metamorfoses e Prolongamentos 132
28. A União Europeia e a sua Evolução 135
29. A Comunidade de Estados Independentes 138
30. A O.S.C.E 139

GLOSSÁRIO 147

ANEXOS
Resolução N 1244 do C.S.N.U. de 10.06.99 149
Acordo Quadro de Ohrid de 16.08.01 157
Declaração Conjunta U.N.M.I.K./R.F.J. de 05.09.01 177
Resolução N 1371 do C.S.N.U. de 26.09.01 183

BIBLIOGRAFIA 191

INTRODUÇÃO

"Durante muito tempo a Bulgária reivindicou política e étnicamente, a Macedónia, conforme demonstram sangrentas páginas de história e apaixonantes páginas de literatura. A questão macedónica pode resumir-se na história do Senhor Omeric, que me foi contada por Wandruska. Omeric, que se chamava assim durante a monarquia Jugoslava, transformou-se em Omerov durante a ocupação búlgara na Segunda Guerra Mundial e depois em Omerski na República da Macedónia, integrada na República Federal da Jugoslávia. O seu nome de origem, Omer, era turco" (vide obra "Danúbio" de Claude Magris")

O Estado conhecido hoje por Antiga República Jugoslava da Macedónia – A.R.Y.M. – ou por – F.Y.R.O.M. – *"Federal Yugoslavian Republic Of Macedonia"* tem um território de 25.333 Km² que confronta a norte com o Kosovo, a nascente com a Búlgária, a sul com a Grécia e a Oeste com a Albânia (ver mapa anexo I). A sua população é de 2,046.209 habitantes e está dividida em vários grupos étnicos e religiosos dos quais o principal é formado por eslavos cristãos ortodoxos – cerca de 60% – e os restantes por albaneses muçulmanos, búlgaros ortodoxos autónomos e gregos ortodoxos. O seu governo tem a forma de república e o seu regime político é do tipo democrático representativo, caracterizado por alguma descentralização que dá expressão à variedade das suas minorias nacionais, principalmente a Albanesa.

Convém notar desde já que a A.R.J. da Macedónia não corresponde à Macedónia tradicional, nem em extensão geográfica, nem em enquadramento populacional.

Geogràficamente, a Macedónia tradicional é uma região bem delimitada por acidentes naturais. Estes são formados a norte pelas montanhas Skoprka, Crna Crora e Shar Planina, a leste pelas montanhas Rila e Rhodope, a sul pela zona costeira do Mar Egeu que circunda Tessalónica e a oeste pelos lagos Ohrid e Prespa. A região assim delimitada tem uma extensão de aproximadamente 67.000 Km^2 e contem as bacias hidrográficas de três rios, Vardar/Axios, Struma/Strimor e Mesta/Nestos (ver mapa anexo II). É na fracção noroeste desta região, também conhecida por Macedónia de Vardar que se localiza a actual A.R.J. da Macedónia, enquanto que a sua fracção nordeste, também conhecida pela Macedónia de Pirin, faz parte da Bulgária, a sua fracção sul, também conhecida por Macedónia do Egeu, faz parte da Grécia e uma estreita faixa da sua fracção oeste faz parte da Albânia. (ver sobreposição das Macedónias política e geográfica mapa anexo III)

Populacionalmente podem ser identificados como Macedónios todos os habitantes da Macedónia tradicional. Esta identificação assenta num critério geográfico que não deixa de parecer simplista, quando se prestar atenção à variedade das origens étnicas e à diversidade das expressões idiomáticas, culturais e religiosas dos habitantes daquela área. No entanto a convergência de povos imigrados e a sua participação num destino comum marcado pela defesa contra invasões militares de povos centrados fora da área considerada e pelas revoltas contra domínios alheios, conduziram à formação de uma consciência de unidade colectiva entre os habitantes daquela área, mais ou menos consistente, conforme os núcleos populacionais e as épocas, que se foi sobrepondo à mera localização geográfica. Na acepção indicada, a população da Macedónia tradicional é muito mais numerosa que a da A.R.J. Macedónia embora não seja fácil de quantificar, por continuar distribuída pelos Estados vizinhos pouco interessados em a indicar. Entre os núcleos populacionais desse espaço, os mais antigos desde o século IV a. C. eram afins dos Gregos, aos quais se vieram juntar os Vlacos – possivelmente descendentes dos Trácios romanizados – e os Albaneses – possivelmente descendentes dos Ilírios – a partir do século II a.C.. Sucederam-se numerosas imigrações e invasões convergentes que trouxeram novos núcleos populacionais: Os Eslavos desde o século VI d.C., os Búlgaros no século VII, os Ciganos no século X, os Sérvios no século XIII, os Turcos no século XIV, os Judeus no século XV, para referir apenas as mais importantes.[1] A participação dos novos núcleos populacionais na consciência colectiva dos prévios habitantes da Macedónia variou no tempo e no

---

[1] Segundo os arquivos do Foreign Office, haveria no Território tradicional da Macedónia, antes de 1912, cerca de 1,150.000 Eslavos, 400.000 Turcos, 120.000 Albaneses, 300.000 Gregos, 200.000 Vlacos, 100.000 Judeus e 10.000 ciganos (James Pettifer). Desde então para cá o número de albaneses aumentou de maneira drástica, enquanto os Judeus quase desapareceram durante a segunda guerra mundial, vitimados pelas perseguições dos *"oustachis"* Croatas de Ante Pavelic apadrinhado por Hitler.

No Reino da Jugoslávia do qual fez parte a Macedónia, muitos dos sérvios que vieram habitar esta zona (cerca de 130.000), optaram pela nacionalidade macedónica após a Segunda Guerra Mundial para beneficiar das vantagens de um estatuto local especial.

Em 1963 verificou-se um enorme afluxo de eslavos muçulmanos do Sandzak vindos para ajudar na reconstrução de Skopje que tinha sido destruída parcialmente por um terramoto.

Depois da implosão da Ex-Federação Jugoslava em 1990 a Macedónia acolheu refugiados de quase todas as outras repúblicas da Federação. Só em 1999 acolheu cerca de 250.000 albaneses fugidos do Kosovo.

Este complexo mosaico étnico, formado aliás desde a mais remota antiguidade, está na génese do ressurgimento da questão da Macedónia e do actual conflito.

grau, mas nem por isso deixou de se manifesar nitidamente nas revoluções nacionais dos macedónios como veremos.[2]

Seja qual for o modo como se encare a Macedónia, ou nas suas fronteiras políticas actuais, ou nas suas fronteiras naturais tradicionais, é paradoxal o facto de um país tão minúsculo ser o epicentro de tamanhas ondas sísmicas internacionais que têm abalado repetidamente toda a região balcânica e se têm propagado por largos continentes, desde a Rússia, passando pela Europa central e insular até à América. Além disso são cíclicas desde a antiguidade clássica, passando pelas Idades Média, Moderna e Contemporânea até à actualidade, consoante veremos. Tal paradoxo não pode ser esclarecido meramente pela actividade vulcânica natural daquela área, já de si muito intensa, mas talvez possa ser deslindado em parte, recorrendo a uma descrição sucinta da rara situação geo-estratégica em que se encontra aquele país, como veremos também.

A A.R.J.M. tem tido que enfrentar problemas que ameaçam a sua estabilidade interna e as suas fronteiras, logo desde que alcançou a sua independência em 15-IX-91. Esses problemas repercutem-se na segurança regional de todo o sudeste europeu

---

[2] Parece oportuno notar a este respeito que alguns autores, como por exemplo Jane Cowane K. Brow, em face da diversidade dos grupos étnicos que compõem a população da Macedónia – Sérvios, Albaneses, Búlgaros, Gregos, Turcos, Ciganos, Judeus, Vlacos, etc – evocam a propósito que a salada de vários frutos também recebeu o nome de Macedónia. Convém no entanto observar a respeito daquela coincidência de nomes, para evitar conclusões políticas das quais aqueles autores aliás se abstiveram, que quase todos os Estados europeus têm populações compostas de diversos grupos étnicos, ou seja, são também "macedónias", por vezes em maior grau de fermentação.

Não parece pois que a diversidade dos núcleos étnicos da Macedónia, mau grado algumas rixas entre eles, tire fundamento às suas vontades convergentes de viverem num Estado independente.

ou Balcãs e têm atraído as atenções, despertado os receios e provocado as intervenções da comunidade internacional.

Os principais problemas da A.R.J.M. derivam desde logo das divergências assinaladas anteriormente entre as fronteiras políticas e as fronteiras naturais e entre a nacionalidade jurídica e o sentimento nacional das populações. A abertura daqueles problemas esteve adiada enquanto a Macedónia continuava enquadrada com mais cinco repúblicas na Federação Jugoslava e a respectiva população sentia em comum com as das outras repúblicas, a necessidade de uma solidariedade que lhes permitisse manter neutralidade entre a Nato e o Pacto de Varsóvia. Porém, logo que o antagonismo les-oeste desapareceu, também a solidariedade das seis repúblicas cessou e deu lugar a confrontos violentos especialmente naquelas cujas populações eram mais heterogéneas, como a Bósnia-Herzegovina, o Kosovo e a Macedónia.

Olhando mais de perto aqueles problemas, vê-se como sobressaem os causados por desinteligências entre alguns núcleos populacionais da A.R.J.M. e os causados por inteligências ou afinidades entre alguns desses grupos e os povos de repúblicas confinantes.

Qualquer tentativa para fazer corresponder os territórios dos Estados daquela região às populações que se consideravam suas nacionais obrigaria a revisões territoriais destabilizadoras do equilíbrio, aliás precário, entre as forças regionais e internacionais interessadas na estabilidade e no controle da região balcânica.

Os problemas mencionados não são novos; não passam de uma repetição ou revivescência agravada dos problemas que se levantaram no mesmo país no decurso da dissolução do Império Otomano no século XIX e designados por "Questão da Macedónia", à qual foi dada uma solução insatisfatória pelo tratado de Londres de 1913. Além disso, agora como então, aqueles problemas não passam de uma fracção dos problemas mais vastos quer regionais, quer internacionais conhecidos por "Questão Balcânica" que o Congresso de Berlim de 1878 não tinha conseguido resolver razoavelmente. Uma e outra destas questões decorrem em grande parte do modo arbitrário como as grandes potências interessadas nos Balcãs – Rússia, Inglaterra e Áustria – tinham fixado então as fronteiras da Macedónia nos Tratados de Santo Estevão e de Berlim, em 1878.

A gravidade que a questão da Macedónia atinge à escala internacional, a profundidade das suas raízes e as dificuldades para a sua solução só poderão ser compreendidas após um panorama acerca da situação estratégica do país, seguido de um relance sobre a sua história e de um resumo das tentativas para as resolver.

Antes de prosseguir parece oportuno notar que os problemas apontados transpareceram desde logo na polémica acerca da designação oficial do novo Estado. A designação adoptada de A.R.J.M. é uma pedra de toque da intensidade dos antagonismos entre o novo Estado e os seus vizinhos. Nesta pedra de toque tem tropeçado até agora todos os esforços de estabilização desenvolvidos pelas mais poderosas potências e organizações internacionais.

O governo de Skopje queria que o novo Estado se chamasse República da Macedónia. Mas os Estados vizinhos receosos de que o nome, conjugado com um hino nacional de ecos históricos e com uma bandeira em que cintila a estrela de dezasseis pontas do antigo Império de Alexandre da Macedónia, pudessem incitar reivindicações territoriais às suas custas, opuseram-se vivamente à sua consagração.

A Grécia, incorporada outrora no Império de Alexandre e cuja província setentrional continua a ter o nome de Macedónia, reagiu contra o novo nome do seu vizinho do norte, como reagiria contra uma ameaça de invasão. A turbulência desencadeada em Atenas foi tal, que o governo conservador de Mitsotakis caiu, para ser substituído pelo governo socialista mais reactivo de Papandreu. Este impôs um embargo naval no porto de Salónica que veio agravar as dificuldades económicas que a Macedónia já sofria por força do embargo que a ONU impusera anteriormente contra a Federação Jugoslava.[3]

A Bulgária mostrou reticências em relação à independência da Macedónia. Embora reconhecendo formalmente o novo Estado, não reconheceu a existência de um povo nacional separado, nem de um idioma macedónico; porquanto não deixou de considerar os Macedónios como uma "espécie" ou "variedade" de búlgaros.

---

[3] Para alguns analistas, o obstrucionismo grego a propósito do nome e das insígnias nacionais da nova Macedónia, radicou no receio subliminar de Atenas, de que este país pudesse vir a constituir com a passagem do tempo, em consequência da influência nele crescente da sua população albanesa muçulmana em contínuo e alarmante aumento demográfico, mais uma "peça de xadrez" no tabuleiro do seu arqui-rival, Ankara.

Por outro lado, o obstrucionismo grego também teve raízes nas recordações de ambições territoriais de outros países sobre a Grécia, através da Macedónia, como a Itália e a Sérvia.

As ambições italianas que têm precedentes nas conquistas romanas no século II a.C., consoante será indicado no relance histórico, tinham ressuscitado no tempo de Mussolini, como relatou Misha Glenny no seu livro "The Balkans – 1804-1999" recordando uma das canções do exército italiano:

"...Andremo nell Ègeu
Prendremo pure il Pireo
E se tutto va bene
Prendremo anche Atene...";

nem tudo foi "bene", mas a recordação ficou.

As ambições sérvias que têm precedentes na invasão do século XIV consoante será indicado também no relance histórico, não tinham deixado de transparecer nos discursos de Tito quando este se referia à província setentrional da Grécia como "Macedónia do Egeu".

A Albânia embora viesse a reconhecer a Macedónia, solidarizou-se com os protestos da forte minoria albanesa neste país, reforçada pelos refugiados albaneses vindos do Kosovo, na recusa de aceitar um nome e umas insígnias que ignorassem a importância da comunidade albanesa local. Esta boicotou o referendum de 8-XI-91 sobre a independência.

Se a questão do nome, hino e bandeira fere tão vivamente as susceptibilidades políticas dos países vizinhos, não fere menos a dos próprios macedónios. Quando o ex-presidente destes últimos, Kiro Gligorov, submetido a grandes pressões internacionais, propôs uma data para que o Parlamento de Skopje analisasse a possibilidade de umas "alteraçõezinhas cosméticas" da bandeira que se resumiam a aspectos mínimos de *design*", mantendo aliás todas as 16 pontas da estrela do antigo Império de Alexandre, teve a surpresa da explosão do seu automóvel dois dias antes da reunião do Parlamento. O motorista teve morte imediata e Gligorov que teve a sorte de apenas perder uma vista, resolveu retirar-se da vida política "por motivos de saúde".

Foi em face de tais reacções que todos os foros internacionais, especialmente a ONU ao admitir o novo Estado como seu membro, resolveram respeitar as susceptibilidades assanhadas dos governos e povos balcânicos, sobretudo da Grécia e antepor ao nome próprio do novo Estado – Macedónia – uma série de apelidos – Antiga República Jugoslava – que melhor delimitassem a sua personalidade e o seu tamanho.

Em atenção ao exposto poderia inferir-se que as negociações que continuam em curso para resolver a questão do nome, o que não é possível sem grande transigência de Atenas, poderiam proporcionar aos mediadores algum potencial de pressão *"leverage"* ou moeda de troca para alcançar por outro lado concessões de Skopje a respeito de outras questões menos formais, como por exemplo as reivindicações dos núcleos albaneses da sua população a um estatuto político mais destacado. Mas as cargas emotivas subjacentes à designação do novo Estado não consentem que a eventual *"leverage"* internacional seja aplicada nos moldes useiros do "pau e cenoura". Carece neste caso de ser aplicada com muitas cautelas de modo a não exaltar os antagonismos em confronto.

Algumas propostas para conciliação entre o novo Estado e os seus vizinhos têm sido recusadas, como as denominações de Eslavo-Macedónia, Macedónia do Norte e Macedónia de Vardar. A questão está actualmente atenuada no âmbito de um acordo interino alcançado em 1995 e de um memorando de entendimento sobre aspectos políticos práticos. A mais recente proposta evita que o nome apareça isolado em apenas um idioma e alfabeto – Gornoma Kedonia/Alta Macedónia – mas continua em estudo sob os auspícios da ONU em Nova York.

Ainda em Setembro último – 2001 – Georg Bush, interrogado por um jornalista sobre se aquele Estado ainda se chamava A.R.J.M. ou F.Y.R.O.M., retorquiu evasivo: *"sim ... por enquanto"*.

MAPA ANEXO I
Os Estados Balcânicos

MAPA ANEXO II
Macedónia Geográfica

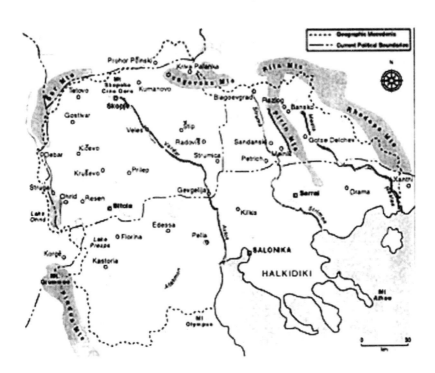

MAPA ANEXO III
Diferença entre a Macedónia Política e a Macedónia Geográfica

I. PANORAMA GEO-ESTRATÉGICO

> *"O controlo dos Balcans depende do domínio da bacia do **rio Vardar**"*
>
> OTTO VON BISSMARCK

A gravidade internacional dos problemas endógenos da Macedónia emergentes dos antagonismos entre a maioria da sua população eslava e ortodoxa e as minorias albanesa e muçulmana – cerca de 30% – grega e búlgara, bem como dos problemas exógenos motivados pelas pretensões dos Estados vizinhos à protecção dos seus núcleos populacionais no novo Estado e deste último à protecção dos seus núcleos populacionais espalhados por aqueles, explica-se em grande parte pela situação geográfica do país, de grande importância estratégica.

No território da A.R.J.M. confinante com o Kosovo, cruzam-se os vales que interrompem as cordilheiras balcânicas e pelas quais têm passado duas rotas perpendiculares uma à outra importantíssimas desde sempre para as migrações de povos, deslocações de exércitos e comércio de bens. (ver mapa orográfico anexo IV)

Uma dessas rotas segue na direcção norte-sul desde Belgrado, passando por Skopje e seguindo ao longo do rio Vardar até ao Porto de Tessalónica; é conhecida por eixo ortodoxo correspondente ao antigo AXIOS grego. Foi em atenção a ele que Camões identificou a Macedónia no canto III, estrofe 13 dos Lusíadas:

> *"Logo de Macedónia estão as gentes*
> *A quem lava do AXIO a água fria"*

sem excluir a sua faixa meridional incorporada hoje na Grécia.

Outra dessas rotas segue na direcção oeste-leste desde o porto albanês de Durres no Adriático passando por Skopje, Sofia, Istambul e seguindo para o Bósforo e o Mar Negro. É conhecida entre os Sérvios por ZETRA, acrónimo de Zelena Transversalé que se traduz por Transversal Verde, sendo o verde a cor simbólica dos muçulmanos. Corresponde à antiga VIA EGNATIA romana aberta no século II a. C.[4].

Cruzada por estas duas rotas, a Macedónia é um exemplo prático ilustrativo das teses avançadas por Samuel Huntington no seu livro "Choque de Civilizações", segundo as quais os conflitos bélicos no cenário *post*-guerra fria tenderiam a opor cada vez mais diferentes religiões e civilizações. A integridade territorial da A.R.J.M. e a estabilidade do seu governo são cruciais, dada a situação geo-estratégica do país, para evitar futuras desinteligências e lutas entre as potências mais interessadas no domínio do eixo ortodoxo ou AXIOS de Belgrado a Tessaló-nica, como a Sérvia e a Rússia e as potências interessadas no do-mínio da linha muçulmana ou ZETRA entre Durres e Istam-bul, como a Albânia, Bulgária, Turquia e recentemente os Estados Unidos da América; ou ainda no dizer mais expressivo do historiador Misha Glenny, entre a Mitra Ortodoxa e o Véu Muçulmano.

---

[4] Pierre Cabanas – Le Sud-Est European, pág. 41

A importância daquela região e portanto a gravidade dos problemas que a agitam é tanto maior quanto mais ricos se têm mostrado recentemente os recursos naturais energéticos como o gás natural e o petróleo do Cáucaso, cujo acesso ao Adriático poderá correr através da ZETRA, mais a salvo de explosões fundamentalistas, ou através do novo "pipe line" projectado por Americanos e Turcos em direcção ao porto de Ceyham na costa meridional da Turquia, escapando ao controle Russo e Iraniano.

No âmbito da geo-estratégia, merece destaque o facto de a bacia do rio Vardar/AXIO até Tessalónica constituir, juntamente com o canto nordeste do Adriático e Fiume e os estreitos do Mar Negro que conduzem a Constantinopla, uma das três falhas mais importantes da barreira das montanhas da chamada Península Balcânica,[5] que separa a Rússia e a Europa do Centro-Leste, do Mediterrâneo. Para o historiador Seaton Watson, não seria por acaso que Trieste/Fiume, os Estreitos do Mar Mármara e a Macedónia, constituem as três zonas de maior perigo no Sudeste Europeu.

Ainda no âmbito da geo-estratégia cabe por último acentuar que a Macedónia é uma daquelas regiões da Europa onde as tendências das potências continentais germânicas e eslavas para chegarem aos mares quentes e as precauções das potências marítimas anglo-saxónicas em lhes manter o cerco ou o "crescente interno" se defrontam continuadamente.

Acresce que a melindrosa situação actual pode piorar subitamente pela intensificação do expansionismo irridentista albanês sobre o Kosovo, o Sandzak e o Vale do Presevo ao sul da

---

[5] Assinale-se, a título de curiosidade, que o termo Península Balcânica ou Balcãs constitui uma espécie de apelido de ficção gizado nos princípios do século XIX pelo geógrafo alemão August Zeune para substituir outras designações "politicamente menos correctas" então em voga como a "Turquia da Europa" ou a "parte Turca da Europa".

Sérvia; ainda na projecção do novo alento que lhe foi proporcionado pelos bombardeamentos perpetrados pelos Estados Unidos da América contra a Sérvia em 1999. Aquele expansionismo será difícil de conter no caso de o Montenegro, ao abrigo do chamado Plano Solana de 14-III-2002, optar ao fim do prazo de três anos pela sua independência em relação à Sérvia. Em tal caso também o separatismo dos albaneses, quer em relação à Sérvia, quer em relação à Macedónia, a favor da sua unificação numa Grande Albânia, manifestar-se-á inevitavelmente. Este possível resultado que Milosevic afirmou ser o pretendido pelos E.U.A. e seus aliados, proporcionaria caminho terrestre mais curto, seguro e barato ao escoamento dos recursos energéticos do Cáucaso para o Mediterrâneo. Isto bem entendido contando que o *irridentismo* **albanês**/muçulmano nos Balcãs permaneça imune aos contágios fundamentalistas.

A incerteza de qualquer previsão não deve fazer esquecer, antes pelo contrário actualiza as palavras do conhecido jornalista americano John Reed − autor do célebre livro sobre a revolução bolchevique "Os dez dias que abalaram o mundo", ao afirmar já em 1915, em plena Primeira Grande Guerra, que a situação nos Balcãs nunca poderá ser resolvida enquanto não for solucionada a "Questão da Macedónia".

A continuidade da soberania e integridade territorial deste país é pois crucial se se quiser evitar futuras desinteligências e lutas de influência entre o eixo Ortodoxo ou o eixo Belgrado − Atenas e a aliança Albano Turca, ou no dizer mais expressivo do historiador Misha Glenny, *"desencorajar rivalidades entre a **Mitra Ortodoxa e o Véu Muçulmano"**.*

MAPA ANEXO IV
Mapa Orográfico mostrando o cruzamento entre as Vias Norte-Sul e Este-Oeste

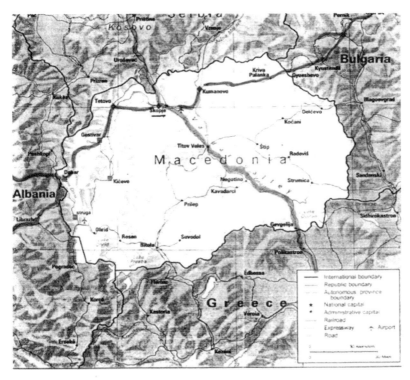

II. RELANCE HISTÓRICO

O relance que se segue incide apenas sobre os aconteci-mentos mais significativos sob o ponto de vista da consciência colectiva dos Macedónios.

1. **O Reino da Macedónia**

O principal ponto de referência da **identidade étnica e política** da A.R.J.M. continua a ser o reino da Macedónia do Rei Filipe e do seu filho o Imperador Alexandre o Magno no século IV a.C.. Consoante proclamou o Congresso Macedó-nico Mundial; *"apenas aqueles Macedónios que se sentem descen-dentes directamente de Filipe e Alexandre, sem quebra de continuidade, permanecerão imunes eternamente às propagandas de assimilação emi-tidas pelos Estados vizinhos e não traírão nunca a raça macedónica".*
Os Macedónios de então tinham origens comuns com os Gregos, segundo Heródoto que os considerava descendentes dos Dórios. No entanto o súbito progresso cultural dos Gregos e, por outro lado o afluxo de povos mais primitivos à Mace-dónia, fez com que Gregos e Macedónios se passassem a consi-derar diferentes uns dos outros consoante atestou o mesmo his-toriador. Os Gregos entendiam que os Macedónios eram semi-bárbaros e conflituosos, apesar de estes venerarem os deuses gregos e terem absorvido gradualmente e divulgado alguns dos

aspectos mais valiosos da cultura Grega. Era macedónio, por exemplo, um dos maiores expoentes da Ciência e da Filosofia Gregas, Aristóteles de Estagira, preceptor de Alexandre.

Foi Alexandre, discípulo de Aristóteles, quem, não contente com ter domado o seu Bucéfalo, nem com ter desfeito o "nó górdio"[6], dilatou o reino de seu pai, Filipe, até um enorme império que alcançou a norte o Danúbio, a sul a Grécia, Anatólia, Síria, Mesopotânia e Egipto, a leste a Pérsia, Afeganistão e Índia.

Após a sua morte prematura aos trinta e três anos, o Império de Alexandre foi dividido entre os seus generais em três reinos, dos quais um garantiu a continuidade do inicial reino da Macedónia, que permaneceu independente até ser submetido pelos romanos no século II a.C..

2. O Império Romano

O principal ponto de referência da **identidade cultural** dos Macedónios passou a ser, após a conquista romana, a conversão ao cristianismo e continua a sê-lo, apesar de a ocupação Turca desde o século XIV ter operado a conversão de uma minoria da população, aliás considerável, à religião muçulmana, como veremos.

Roma na sua expansão para oriente, teve que empreender três guerras entre 200 e 148 a.C. para conseguir subjugar a Macedónia e a Grécia e as converter numa só província do seu Império. O domínio romano, proporcionou, sobretudo após a conversão de Constantino ao Cristianismo em 318 d.C., a evangelização dos Macedónios e dos Gregos. Quando o Impé-

---

[6] Registe-se que segundo a lenda caberia a quem desvencilhasse o "nó górdio" proceder à conquista da Àsia, o que sucedeu.

rio Romano foi dividido em 395 d. C. a Macedónia passou a ser parte do Império do Oriente com a capital em Bizancio ou Constantinopla e a ficar subordinada, em conjunto com a Grécia, à Igreja Bizantina, também conhecida por Grega ou Ortodoxa.

Desde então a Macedónia sofreu invasões de Búlgaros no século VII[7], Sérvios no século XIV[8] e Turcos a partir de

---

[7] O domínio da Macedónia pelos búlgaros, povo asiático chegado ao Danúbio no Séc. VII, foi estabelecido no âmbito de um território compreendido entre aquele rio e o Mar Negro, o Mar Egeu e o rio Vardar no vale central da Macedónia, que se estendeu até ao Mar Adriático em finais do Séc. IX, sob o reinado de Semião I.

Os búlgaros começaram a ser cristianizados pelos dois irmãos S. Cirilo e S. Metódio vindos de Salónica no Séc. VII e continuaram a sê-lo por S. Clemente e S. Naun que fundaram um mosteiro nas margens do Lago Ohrid. Foi a partir deste mosteiro que irradiou o Cristianismo pelos balcans e que se consolidou o idioma eslavo graças à tradução escrita dos evangelhos levada a cabo por aqueles morjes em alfabeto cirílico.

A expansão do império búlgaro alcançada por Semião I que fora educado em Bizâncio foi acompanhada de um relevo crescente da igreja ortodoxa local. Enquanto Semião I tomou o título de Imperador, o chefe da igreja subiu à dignidade de Patriarca, em plano de igualdade com o Imperador e o Patriarca bizantinos.

Manifestou-se uma rivalidade entre Bizâncio e Ohrid que conduziu a guerras entre os dois impérios ortodoxos, até que Basílio II de Bizâncio derrotou Samuel de Ohrid em 1014, tendo passado a ser conhecido em atenção à sua extrema crueldade, por Basílio o «mata-búlgaros». Tal cognome deve-se à tortura que mandou infligir a 15.000 macedónios e búlgaros feitos prisioneiros nas encostas dos Montes Belaitsa perto de Ohrid. Foram-lhes arrancados os olhos, excepto a um em cada 100, a fim de que cada um desses pudesse conduzir os outros 99 à presença do Imperador Samuel derrotado. Samuel ficou tão chocado que morreu pouco depois. Diz a lenda que o Rei Samuel ainda mandou os restantes soldados recolher piedosamente os olhos arrancados às vítimas, guardá-los num cofre de ouro e depositar o cofre no Lago Ohrid – o que explicava o brilho dourado invulgar nas águas daquele lago.

A submissão dos macedónios e búlgaros aos Cristãos gregos foi quebrada pela IV Cruzada que saqueou Constantinopla e fundou o Reino Latino que incluiu a Macedónia do Sul em 1204, até que foi dissolvido em 1261.

Segundo alguns historiadores, o enfraquecimento do Império Bizantino evidenciado pela 4.ª Cruzada e a instabilidade do Reino Latino fundado por esta

34 A Questão da Macedónia

então. A sua inclusão sucessiva nos impérios Búlgaro e Sérvio tem importância para a compreensão das relações ambivalentes de afinidade e antagonismo entre Macedónios, Búlgaros e Sérvios; razão porque está referida em notas. Mas não atingiu tanta importância quanto a longa subordinação ao Império Otomano.

---

predispuzeram os macedónios a olhar para o Império Otomano inicialmente, como possível protector contra Constantinopla e contra Roma.

Esta sucessão de acontecimentos ajuda a compreender as afinidades que ainda hoje subsistem entre parte da população macedónia e a Bulgária, manifestadas aliás na formação da Organização Revolucionária Interna da Macedónia – V.M.R.O. – em Outubro de 1893, comum a macedónios e a búlgaros, na revolução de St. Hilinden ou St. Elias em Agosto de 1903, e em uma das facções do actual partido macedónio – V.M.R.O. – D.P.M.N.E.; consoante será notado mais adiante.

[8] O domínio da Macedónia pelos sérvios que se expandiam para o sul dos Balcans em direcção ao Mar Egeu desde o Séc. XIII foi assinalado pela conquista de Skopje pelo Rei Milutin em 1282, à custa do império bizantino e prosseguiu até meados do Séc. XIV. Em 1346 o novo rei Estevão Douchan entrou numa aliança com o rei dos búlgaros que lhe permitiu dilatar o seu reino desde o Rio Danúbio até aos mares Negro, Egeu e Adriático. Tomou o título de Imperador e mudou a capital para Uskub mais a sul da Macedónia.

Douchan rodeou-se de uma côrte das mais civilizadas da Europa, aprovou um código de leis para dar segurança à vida dos seus súbditos, fez construir igrejas e monumentos admiráveis e planeou a conquista de Constantinopla para transferir a capital do seu império. Morreu quando conduzia o seu exército a caminho daquela cidade, em 1355. No entanto a organização feudal e militar que ele deixou, integrando a Macedónia, veio a constituir o maior obstáculo contra a invasão otomana, até à Batalha do Campo dos Melros no Kosovo em 1389.

Este período de história comum ajuda a compreender as afinidades que ficaram e tomaram possível, após a Ia Grande Guerra, em 1918, a reconstituição do Reino da Sérvia incluindo a Macedónia; na fase final da 2.ª Grande Guerra, em 1944, a formação da Federação Jugoslava incluindo a Macedónia; após a implosão desta, em 1991, a facilidade do acordo entre Belgrado e Skopje, na transição pacífica da relação federativa para a relação de independência amistosa e colaborante, como será notado mais adiante.

3. O Império Otomano

O Império Otomano é o principal **ponto de referência, por contraste** da coesão mantida pela maioria dos Macedónios durante cerca de cinco séculos, entre a vitória otomana sobre a Grande Sérvia na batalha do Kosovo em 1384 e o Tratado de Bucareste de 1913 que extinguiu a soberania Turca sobre a Macedónia, mas à custa da divisão desta entre a Albânia, a Bulgária, a Sérvia e a Grécia. (Ver mapas Anexo V e VI)

Aquele império, inspirado pela religião muçulmana, abrangeu na sua máxima expansão em 1683, na Ásia a Anatólia, Arménia, Síria a Mesopotânia, na África o Egipto, a Tripolitania e a suserania sobre a Tunísia e a Argélia, na Europa a quase totalidade do Sudeste, ao qual passaram a designar por Balcans, que no idioma Turco significa montanhas.

A vastidão do império mantinha-se graças à unidade religiosa da sua classe dominante, à disciplina dos seus exércitos e à tolerância para com algumas particularidades locais dos povos balcânicos, repartidos por circunscrições delineadas segundo as religiões destes, designadas por **"Millet"**. Nestas circunscrições os respectivos dirigentes dispunham de poder discricionário para gerir os assuntos internos.[9]

---

[9] O sistema administrativo dos *"Millet"* caracterizava-se por dividir o território do Império Otomano por circunscrições delineadas segundo as religiões da população. Os Chefes dos *"millets"* e as suas hierarquias administrativas, fossem elas formadas por Patriarcas Ortodoxos, Bispos Católicos, Rabis Judeus, Sufis Muçulmanos, Bektasis Albaneses, e dirigentes religiosos de muitas outras comunidades como a dos Arménios, a dos Vlacos, dos Ciganos, dos Checos, dos Húngaros, Romenos, etc controlavam os assuntos internos de cada comunidade com grande autonomia em relação ao poder central. Os *"millets"* formados por judeus e por cristãos, descendentes dos "Povos do Livro" ou seja dos povos mencionados no Corão, embora não gozassem de um estatuto de igualdade em relação aos muçulmanos, dispunham de uma liberdade acrescida.

Pode dizer-se que, em contraste com a Europa medieval, a personalidade do direito se manteve prolongadamente. Pode dizer-se também que, em contraste

Nos finais do sec. XVIII, o Grão Vizir Mustafa Resid Pasha, acossado pelo Império Russo e pelo Egipto e sob grande pressão dos britânicos para abrir as suas fronteira ao comércio livre, com vista a permitir a penetração inglesa, encetou uma série de reformas abrangendo todos os aspectos das relações entre o Estado e o indivíduo, conhecida como **"Tanzimat"** que secularizou parcialmente o aparelho de Estado e introduziu a liberdade de novos cultos trazidos por missionários protestantes. O "Tanzimat" constituiu o primeiro passo para o abandono do monopólio do sistema do "Millet", mas nem por isso conseguiu criar uma geral cidadania otomana.

O longo domínio Otomano veio complicar o mapa étnico. As campanhas que sustentou contra Albaneses, Sérvios, Búlgaros, Croatas, Bósnios, Húngaros e Austríacos e as migrações dos povos que as acompanharam, tornaram mais confusas as fronteiras entre aqueles. Empurraram populações Sérvias para a

---

com a Europa reformada, em vez da fórmula dos Tratados de Westfália – *cujus regio ejus religio* – vigorou no Império Otomano, a fórmula – *cujus religio ejus regio* – muito mais respeitadora da liberdade de consciência dos súbditos.

A administração segundo o *"millet"*, com a sua diferenciação segundo a religião e diferenciação, embora tolerante, entre cidadãos de primeira, muçulmanos, e de segunda, não muçulmanos, enquadra-se no paradigma do sociólogo Ernest Gellner para as sociedades pré–modernas, onde a massa da população vive segundo os preceitos das respectivas culturas locais de "baixo nível", enquanto que uma minoria de especialistas privilegiados, dotados duma visão que tende a ser trans–étnica e trans–política lideram a cultura de "alto nível" do aparelho de Estado empregando um idioma elitista – no caso do Império Otomano uma mistura de turco, árabe e persa – diferenciada da fragmentada e folclórica cultura popular com a qual não mantêm qualquer contacto ou continuidade. A maioria é excluída dos assuntos do Estado e permanece muito mais ligada á religião, família e lugar de origem do que ao Estado.

Este sistema descentralizado veio a ser aproveitado desde os fins do século XVIII pelas correntes ideológicas do romantismo político favorável à divisão dos Impérios em Nacionalidades e à conversão destas em Estados Soberanos. As tensões resultantes entre os países sujeitos à "Sublime Porta" designadamente entre os Gregos, Sérvios, Búlgaros e Albaneses, atingiram a sua intensidade máxima, o seu zénite no princípio do século XIX com a chamada *"Questão da Macedónia"*.

Croácia, Albaneses para o Kosovo que era parte da Sérvia, Croatas e Húngaros para a Sérvia e Croatas bem como Sérvios islamizados para a Bósnia.

Resumindo, durante a ocupação turca os povos submetidos apesar de terem mantido as suas identidades, foram parcialmente subdivididos e dispersos por novas regiões. Daí resulta que quase todos os povos autóctones dos Balcãs que tiveram num qualquer momento da sua história longínqua e remota um qualquer reino, principado, califado ou entidade estatal ou para-estatal, se reclamem ainda hoje das fronteiras territoriais dessa entidade no apogeu da sua expansão, o que abrange quase inevitavelmente áreas que actualmente pertencem aos países vizinhos.

Tal situação é bem ilustrada pela *"boutade"* de Vladimir Gligorov, filho do primeiro Presidente da Macedónia actual: *"Porque serei uma minoria no teu Estado quando tu podes muito bem vir a ser parte duma minoria no meu?"*

O confronto entre o Império Otomano e aos povos balcânicos foi, sob o ponto de vista geo-político, um conflito entre o Sul e o Norte da Europa, sobretudo desde que os otomanos ultrapassaram o Danúbio em 1512; até que os Impérios Russo, Austríaco e Inglês impuseram no Congresso de Berlim o Tratado de 1878. Este confronto foi também, sob o ponto de vista cultural uma competição entre o Cristianismo sobretudo o ortodoxo e o Islão, desde antes e até depois daquelas datas, que não deixou de se agravar nos períodos de conflito armado.

Neste horizonte a Macedónia foi um dos países que mais longamente permaneceu subordinada ao Império Otomano; mas sem prejuízo de a maioria dos Macedónios terem preservado uma identidade cultural ligada ao Cristianismo Ortodoxo, diferentemente por exemplo dos Albaneses que se converteram largamente ao Islão.[10]

---

[10] A conversão dos Albaneses ao Islão, em resultado do domínio Turco

A diferença entre as atitudes dos Macedónios fiéis na sua maioria ao Cristianismo e dos Albaneses largamente convertidos ao Islão, religião dos opressores Otomanos, ajuda a compreender na A.R.J.M. ainda hoje os conflitos entre a população eslava e ortodoxa maioritária e a minoria albanesa e muçulmana.

4. A Balcanização e sua Internacionalização

A Moderna Enciclopédia Universal define assim o termo Balcanização:

"Decomposição ou pulverização de um país ou de uma região em pequenos Estados, fracos e instáveis, os quais, em geral, entram em confrontação. A designação deriva do processo de desmembramento dos impérios continentais por analogia com a pulverização de povos, já antiga na Península Balcânica".

As diferenças étnicas e culturais entre os povos sujeitos ao Império Otomano respeitadas e reconhecidas dentro do sistema administrativo dos "Millet" deram matéria que veio a ser vitalizada pelas ideias liberais da Revolução Francesa e pelas ideias nacionais do Romantismo. Esta vitalização manifestou-se por irridentismos e revoluções nacionais que alastraram por

---

começou por seguir o credo Sunnita ortodoxo, sistematizado numa Teologia e codificado em leis. Porém, à medida que o domínio Turco se tornou religiosamente tolerante, os Albaneses foram seguindo o credo sufista, menos racionalista e mais místico e que permitia algumas simbioses do Islão com o Cristianismo.

Uma importante ordem religiosa sufita, denominada – Bektasi – tinha a sua sede em Tetovo na actual Macedónia, precisamente um dos centros actuais das reivindicações da minoria Albanesa muçulmana, contra a maioria eslava ortodoxa.

O sufismo dos Albaneses, na sua diferenciação do Sunismo otomano e na sua diferença dos cristianismos ortodoxos de Gregos, Eslavos, Búlgaros e Macedónios, contribuiu para a preservação da consciência colectiva daqueles, precursora do nacionalismo Albanês desde o século XIX.

todos os Balcãs a partir dos princípios do século XIX e que explodiram na Macedónia em 1903, como veremos.[11]

Desde a revolução Grega em 1820, os Balcãs fervilharam em afirmações nacionais de índole cultural e de projecção política, exigências, conjuras, revoltas e guerras anti-Turcas, por parte dos Gregos, Albaneses, Sérvios, Búlgaros, Montenegrinos, Croatas, Romenos e Macedónios que foram criando pequenas comunidades políticas ou *"statelets"*. Os primeiros quatro daqueles povos, além de exigirem as suas independências em relação aos Turcos, reivindicavam também o domínio sobre a Macedónia, em razão da importância estratégica desta. Invocavam para tanto com mais ou menos fundamento haverem integrado parcelas maiores ou menores desta, em qualquer ocasião histórica mais ou menos remota. Passaram por isso a ser chamados popularmente pelos Macedónios: **os quatro lobos**.

As inúmeras revoltas e guerras naquela região foram sempre instigadas e aproveitadas pelas grandes potências europeias

---

[11] Segundo alguns historiadores citados por Hugh Poulton em *"Who are the Macedonians?"* as revoltas balcânicas durante o século XIX foram motivadas também, em grande parte, pela alteração do sistema de divisão e distribuição da propriedade rural.

Inicialmente o Império Otomano não dispunha de uma classe feudal, pelo que as melhores terras eram distribuídas aos chefes militares *"Askeris"* em recompensa dos seus feitos pessoais durante as guerras, numa base não hereditária designada *"Timaw"*. Quem mais beneficiava deste sistema de distribuição eram a pequena nobreza e o campesinato porque, diferentemente dos *"Askeris"*, tinham o direito a ocupar e usar das terras hereditariamente, conquanto pagassem as rendas.

No século XVIII, porém, o sistema de distribuição da terra foi modificado. Os *"Timaw"* tornaram-se hereditários e passaram a ser designados por *"Chiflicks"* facto que veio a proporcionar maiores vantagens para os proprietários que delas procuravam extrair mais lucros para as gerações seguintes e que veio a contribuir para o empobrecimento das outras classes mencionadas.

Este empobrecimento despertou reacções, revoltas e a formação de comunidades políticas locais ou *"statelets"* que vieram a solidarizar-se com os emergentes nacionalismos locais.

desejosas de ganhar posições de domínio ou de influência, à custa do desmembramento do Império Otomano designado pelo Tzar Nicolau I como **"o homem doente da Europa"**. A Rússia queria ganhar acesso a Constantinopla. A Áustria preferia a conservação do Império Otomano, de modo a não ficar cercada entre o Russos e os Eslavos do sul. A Inglaterra e a França eram, ora a favor do desmembramento do Império Otomano, ora a favor da sua conservação, consoante as variações de atitude daquela em relação à Rússia e desta em relação à Áustria. Este jogo de interferências estrangeiras mais serviu para complicar as questões Balcânica e macedónica, de que para as resolver.

Foi neste quadro de convulsões que a intervenção militar Russa contra a Turquia, em socorro dos Sérvios ou Eslavos do Sul, permitiu ao Czar impor ao Sultão, nos termos do Tratado de Santo Estevão de 1877, não só a independência da Sérvia, mas também a de uma Bulgária engrandecida até ao Mar Egeu e dotada de uma Igreja Ortodoxa Nacional ou Exarcado independente da Igreja Grega de Constantinopla. Esta Grande Bulgária destinava-se a franquear o acesso Russo ao Mediterrâneo. Abrangia quase toda a Macedónia.

Mas a submissão da Macedónia à Bulgária não durou muito. No plano regional nem a Sérvia nem a Grécia se resignaram. Os Sérvios porque ela inviabilizava as suas velhas aspirações de acesso ao porto de Salónica. Os Gregos porque ela quebrava a unidade da Igreja Ortodoxa.[12] No plano internacional

---

[12] Para alguns historiadores e analistas políticos a raiz do ressurgimento da "Questão da Macedónia" na era moderna terá residido precisamente na constituição deste "Exarcado", que o Patriarcado Grego de Constantinopla se apressou logo a considerar cismático e que despertou intensas cobiças e desentendimentos de toda a espécie entre os países vizinhos, os quais pela sua intensidade terão colhido de surpresa a própria Rússia. (Sobre o papel da Igreja Ortodoxa na Macedónia e especialmente sobre a personalidade e o carisma do seu Patriarca,

tão pouco a Áustria e a Inglaterra se resignaram. Os ingleses porque se opunham ao acesso Russo ao Mediterrâneo. Os Austríacos porque ficavam cercados por uma aliança eslava russo-sérvia e ainda porque tendo ficado a Bósnia sob soberania turca viam frustradas as suas aspirações ao domínio da costa leste do Adriático. Nestas circunstâncias e sob pressão da Inglaterra, a Rússia vitoriosa mas enfraquecida aceitou a realização de um Congresso Europeu em Berlim destinado a rever o Tratado bilateral de Santo Estevão.

O Congresso de Berlim convocado por Bismarck em 1878 terminou pela aprovação de um Tratado multilateral que estipulou, entre outros preceitos, que boa parte da Macedónia se separava da Bulgária para regressar ao domínio Turco e que a Bósnia embora continuasse possessão Turca seria administrada pela Áustria.[13]

O Tratado de Berlim contrariou vivamente a Bulgária que perdeu grande parte da Macedónia regressada de novo ao domínio Turco; os próprios Macedónios cristãos que sentiam mais afinidade com os Búlgaros que com os Turcos; e a Sérvia porque, já desiludida da aspiração de chegar através da Macedónia ao Mar Egeu, via agora frustrada também uma aspiração de acesso ao Mar Adriático, ficando reduzida à situação de país interior.

Contra os termos do Tratado de Berlim começaram por se insurgir abertamente os Búlgaros e Macedónios, Pela Revolta

---

vide Rebecca West in "Black Lamb Grey Falcon – A journey through Yugoslávia").

[13] Uma cláusula secreta bilateral entre a Inglaterra e a Áustria permitia a esta última que futuramente anexasse a Bósnia. H. Kissinger, Diplomacia, pág. 132.

A incompatibilidade entre as reivindicações Sérvias e as Austríacas de acesso ao Adriático através da Bósnia está na origem do tiro desfechado por Grevilo Princip, um Sérvio da Bósnia, que matou o Arquiduque Francisco Fernando de Habsburg em Sarajevo em 1914, tendo desencadeado a Primeira Grande Guerra que já se encontrava na forja, por outras razões.

de Kresna em 9-X-1878, que foi rapidamente jugulada pelos Otomanos. Esta revolta constituiu, segundo os historiadores Búlgaros, a primeira expressão da insatisfação da Bulgária contra uma intervenção internacional violadora dos seus direitos antigos à Macedónia do Pirin. Para os historiadores Macedónios constituiu a primeira tentativa de separatismo da actual A.R.J.M., pois o "Programa do Comité dos Revolucionários Macedónios" tinha planeado, no seu artigo 145, a elaboração de uma Constituição Política da Macedónia, dentro ou fora da soberania de Istambul, que deveria entrar em vigor com a ajuda da mediação das Grandes Potências Europeias.

O regresso da Macedónia ao domínio Turco não podia satisfazer os seus cidadãos. Estes não tardaram em organizar um movimento revolucionário em conjunto com os Búlgaros conhecido pela designação V.R.M.O..[14] Este movimento reclamou de Istambul a outorga de um estatuto de grande auto-

---

[14] O V.R.M.O. ou organização revolucionária interna da Macedónia, contra o domínio turco, criado em 1893, estabeleceu o seu quartel general na Macedónia do Pirin ocupada pela Bulgária, mas de acordo com esta. Este movimento foi, em atenção à sua estrutura para-militar, ao uso de métodos terroristas, aos raptos para efeitos de resgate, ao assassinato de adversários políticos, à ramificação por células autónomas, à intromissão nos órgãos de imprensa internacionais, o "antepassado" de todas as organizações terroristas modernas, desde o I.R.A. e a E.T.A. até ao grupo *"Baader Meinhof"*, as "Brigadas Vermelhas" a *"Al Quaeda"* e até – salvas as devidas proporções – as F.P. 25 de Abril.

Opunha-se quer à submissão da Macedónia ao Império Otomano, quer à partilha daquela pelos Estados vizinhos, designadamente pelo Reino da Sérvia em boas relações com a França. O V.R.M.O. terá estado, em conivência com os "oustachis" croatas por detrás do assassinato do Rei Alexandre Karadjoerdjevic e do Ministro dos Negócios Estrangeiros francês Barthou em Marselha. No entanto vieram a definir-se dentro dele duas orientações distintas: uma que visava a independência de toda a Macedónia geográfica, eventualmente no quadro de uma Federação Balcânica; outra aceitava a reunificação com junção à Bulgária.

A segunda orientação, a ser consistente, explica a continuidade até hoje de uma corrente pró-búlgara no seio dos actuais partidos nacionalistas Macedónios como o V.R.M.O. – D.P.M.N.O..

nomia política semelhante ao alcançado pela ilha de Creta em 1897. Na falta do assentimento de Istambul, passou à revolução em 1903 a partir de **St.° Ilinden**. A revolução foi esmagada pelos Otomanos, mas alarmou a Rússia e a Áustria e provocou a intervenção diplomática destas potências junto do Sultão. Este acabou por consentir que a Macedónia embora continuasse sujeita à sua tutela, recebesse ajuda daquelas potências nos quadros da sua administração civil, policial e militar, nos termos do **Acordo de Murzteseg de 1903**.[15] Esta primeira internacionalização da "Questão da Macedónia" teve efeitos mais amplos que os previstos.

A publicação do projecto russo-inglês ofendeu o orgulho nacional turco e levou à formação de um Comité Secreto "União e Progresso" que preparou a revolução de 1908 contra o Sultão. A revolta foi encabeçada pela guarnição militar turca na Macedónia e conduzida pelos chamados **"Jovens Turcos"**. Os revolucionários ao fim de uma curta guerra civil tomaram o poder em Istambul e iniciaram a imposição de uma política de assimilação uniformizadora que desprezou as particularidades étnicas e religiosas dos povos balcânicos.

---

[15] – Os acordos de Murztseg impostos ao Sultão pelos impérios Russo e Austríaco, entregaram a funcionários destes impérios as competências para delinear os círculos administrativos, reformar os métodos da administração, restruturar o poder judicial e a polícia, verificar a colecta de taxas e impostos, dirigir a construção de infra-estruturas, etc.

Tais acordos humilharm o Sultão e o Império Turco que nunca permitiram o seu cumprimento. Por outro lado desagradaram ao V.R.M.O. que suspeitava neles os intuitos expancionistas dos Impérios Russo e Austríaco, bem como ao Patriarcado de Constantinopla e ao Exarcado Búlgaro.

No entanto aqueles acordos beneficiaram de modo indirecto o V.R.M.O. na medida em que contribuíram para internacionalizar a Questão da Macedónia.

Merece ser notado que os Acordos de Murztseg colocavam a Macedónia numa situação única no âmbito do Império Otomano, em atenção ao consentimento deste de adjudicar a administração daquela a potências estranhas.

A nova política reacendeu reacções nacionais que levaram à formação da "Liga Balcânica" revolucionária entre a Sérvia, a Bulgária, a Grécia e o Montenegro. A liga atacou as guarnições turcas e entrou na chamada **1ª Guerra Balcânica contra a Turquia**. Em consequência desta guerra os turcos foram expulsos quase completamente da Europa, onde apenas conseguiram manter Istambul e uma área adjacente.

Porém, logo a seguir, em 1913 estalaram rivalidades entre os membros da Liga acerca da demarcação das fronteiras entre eles, especialmente daquelas que haveriam de correr por território Macedónico.

A Macedónia que fora a causa da formação da Liga Balcânica veio a ser depois do triunfo desta, a causa da sua dissolução.

As velhas ambições da Bulgária sobre a Macedónia e a costa do Mar Egeu reacenderam-se em rivalidade com as ambições da Sérvia e da Grécia. Aquela entrou em guerra com estas; mas estas, auxiliadas pela Roménia derrotaram-na no decurso da **2ª Guerra Balcânica**. Seguiu-se a Conferência e Tratado de Bucareste ainda em 1913. Nos termos deste Tratado a Macedónia saiu finalmente da soberania Turca; mas nem por isso ganhou a independência. Foi partilhada entre a Sérvia e a Grécia, bem como em menor extensão entre a Bulgária vencida e a Albânia – **os quatro lobos**. Esta divisão territorial que veio a manter-se até à recente fragmentação da Jugoslávia, lançou desde logo os dados ou distribuiu as cartas que condicionaram durante as duas guerras mundiais, o jogo da Sérvia (mais tarde Jugoslávia) e da Grécia interessadas na manutenção das vantagens alcançadas em 1913 e solidárias portanto com as potências aliadas e, por outro lado, a Bulgária insatisfeita e revisionista e solidária portanto com as potências centrais.

O Tratado de *Versaillles* ao reconhecer o Reino dos Sérvios, croatas e Eslovenos à custa do Império Austro-Húngaro, manteve a Macedónia dependente daquele Reino, embora continuando dividida entre ele e os Estados vizinhos. Os Sérvios alcançaram o acesso ao Adriático através da Croácia, mas não o acesso ao Egeu, através da fracção da Macedónia que lhes estava subordinada; pois esta continuou separada do mar pela Grécia. A transformação daquele reino, no Reino da Jugoslávia em 1929 inspirado pelo pan-eslavismo e tendente à dilatação para o sul até ao mar, através da parte da Macedónia que lhe fora consignada em 1913 e da frustrada extensão desta às populações eslavas adstritas à Grécia na "Macedónia do Egeu", tão pouco alterou nem a dependência nem a fragmentação daquele país.

Durante a Segunda Guerra Mundial a onda e a ressaca germânicas sobre os Balcãs também não alteraram estavelmente a geografia política imposta anteriormente à Macedónia. As potências vencedoras, ao chegarem a acordos a respeito da Europa, não se interessaram nem pela unificação da Macedónia, que não deixaria de impor sacrifícios à Grécia, nem menos ainda pela independência da sua fracção central que imporia sacrifícios à Sérvia, que tinham sido uma e outra aliadas suas nas guerras contra a Alemanha.[16]

---

[16] Durante a Segunda Guerra Mundial Hitler resolveu invadir e ocupar os Balcãs por motivos sobretudo "defensivos". Pretendia assim garantir o aprovisionamento das suas forças militares em petróleo através da Roménia e proteger logisticamente o lançamento da "Operação Barbaroxa" para a invasão da Rússia, fortificando ali a retaguarda das tropas alemãs. A invasão dos Balcãs e o desmembramento e conquista da Grécia e Jugoslávia constituíram assim um efeito colateral destes desígnios.

No caso jugoslavo Hitler fundou e apadrinhou o Estado croata *"Oustachi"* de Ante Pavelic, um protegido de Mussolini, que se tornou tristemente célebre pelos massacres que perpetrou contra Sérvios e Judeus (vide Crurzio Malaparte no livro *"Kaput"*). Porém nunca conseguiu controlar o resto da Jugoslávia onde se deparou com uma encarniçada resistência por parte do antigo exército real, os *"chetniks"* do General Draza Mihailovic e dos *"partisans"* de Tito; para os últimos dos quais Churchill havia conseguido canalizar a ajuda dos aliados.

As rotas históricas que sulcam a Macedónia continuaram a escapar ao controlo exclusivo de qualquer um dos Estados circundantes; sem que no entanto tivessem ganho segurança.

A sobrevivência tenaz dos sentimentos de identidade e de liberdade colectiva dos macedónios através de todas as calamidades históricas que se abateram sobre êles, foi simbolizada por Rebecca West na pessoa de uma camponesa idosa dos arredores de Skopje, numa bela página:

"Eu estava perante uma camponesa sentada à beira de uma janela que era a vera essência da Macedónia, que era exactamente aquilo que eu tinha vindo para ver ... Na sua mão rude abrigava uma candeia, olhando para a chama como se esta fôsse um ser vivo; e na manga do seu casaco roçado de pele de carneiro sobressaía um bordado de árvores estilizadas vermelhas e pretas derivadas de um padrão desenhado para elegantes damas persas, dois mil anos antes. Era o milagre da Macedónia visível aos meus olhos.

Aquela mulher tinha sofrido mais que a maioria dos seres humanos, ela e os seus ascendentes ... Nascera durante o fim calamitoso da desordenada administração turca, com os seus ciclos de insurreições e massacres e seu cahos social. Se a gente da sua aldeia não fôra assassinada, ela ouvira certamente falar de muita outra gente que o fôra, sem que estivesse nunca segura de que não teria o mesmo destino. Depois, na sua idade adulta, vieram as guerras balcânicas e a Grande Guerra, acompanhadas da cólera e do tifo. Mais tarde veio a I.M.R.O. e a extrema pobreza. Nunca tivera um mínimo de bens materiais, de segurança, de assistência no nascimento dos filhos, como qualquer mulher ocidental não pode imaginar. Mas ela detinha duas qualidades invejáveis por qualquer mulher ocidental. Ela tinha força de ânimo, a tremenda força pétrea da Macedónia: ela fôra dotada e nascida de fibras que podiam desafiar todas as balas, à excepção das que atravessam o coração, que podiam sobreviver aos invernos que vergastam as montanhas, à malária e às pestes, que podiam chegar à velhice à custa de uma dieta de pão e paprika. E recolhidas nas suas privações, como no fundo de uma taça, cintilavam as últimas gotas da tradição bizantina".

MAPA ANEXO V
Macedónia antes de 1913 inserida no Império Turco

MAPA ANEXO VI
Macedónia dividida

III. ACTUALIDADE

> *"Os desafios que se levantam em frente da nova*
> *República da Macedónia apenas podem ser compreen-*
> *didos à luz da História; mas sòmente poderão ser*
> *resolvidos fora das sombras desta"*
>
> DAVID FROM KIN

Compreende-se aqui por actualidade o período situado entre o fim da Segunda Guerra Mundial e hoje, dentro do qual é possível no entanto distinguir algumas fases.

5. A Federação Jugoslava e a Etnogénese da Macedónia

O croata Joseph Broz mais conhecido por Marechal Tito usou dos créditos ganhos como um dos chefes da resistência Jugoslava contra a Alemanha, para obter o apoio dos Aliados, especialmente de Churchill – e se elevar a Chefe de Estado da Federação Jugoslava.

A política de Tito em relação à Macedónia compreende-se à luz da sua intenção de assegurar o equilíbrio étnico, cultural e religioso entre os países federados. Esta intenção manifestou--se na consolidação de duas repúblicas de religião católica e alfabeto latino – Eslovénia e Croácia – duas de religião orto-doxa e alfabeto cirílico – Sérvia e Montenegro – e duas com forte componente muçulmana – Bósnia-Herzegovina e Mace-dónia –, traduzida na fórmula 2+2+2. Além disso, desejoso de evitar, como bom croata, o velho predomínio da Sérvia, recortou nestas duas províncias autónomas: a sul o Kosovo com predomínio populacional albanês; a norte a Woiwodina com expressiva minoria húngara. O equilíbrio de poderes era mantido por um complicado sistema de governo que garantia a expressão de todas as Repúblicas Federadas a nível central. Este evitava por outro lado a radicalização da personalidade política de qualquer uma delas.

No entanto Tito, para impedir a tendência natural da república Sérvia mais populosa e mais rica a readquirir ascendente sobre as outras, facilitou o aumento da população muçulmana do Kosovo, abrindo as fronteiras à imigração da população congénere e carenciada da vizinha Albânia. E, mais a sul, na Macedónia, estimulou entre a população predominantemente eslava o revigoramento de uma consciência nacional ou "etnogénese" fenómeno que consiste na vitalização da identidade colectiva de um povo.

Nesta orientação Tito concedeu à fracção macedónica da Sérvia o estatuto de província na nova República Federativa Socialista da Jugoslávia (R.F.S.J.), oficializou um idioma macedónico (dialecto misto de Sérvio e Búlgaro), designou-a por Nação Constitutiva da R.F.S.J., protegeu uma Igreja Ortodoxa Autocéfala local, permitiu referencias à obra dos monges apostólicos Clemente e Naun na Idade Média e passou a prestar atenção especial à diáspora macedónica pelo mundo, sem esquecer os núcleos cantonados nos Estados vizinhos. Criou para este efeito uma sociedade supostamente cultural – MATICA – bem financiada e vocacionada para as relações entre a Pátria de origem e as suas comunidades dispersas pelo estrangeiro. Além disso e por mais dúvidas que possa haver acerca da ligação étnica entre os actuais Macedónios e os guerreiros de Alexandre o Magno, Tito também passou a incentivar as referências ao legado daquele imperador.

Esta ênfase dada pelo croata Tito a um povo em particular, dentro de uma Federação onde os debates sobre etnias, religiões e nacionalidades eram "tabu", teve como fito reforçar o equilíbrio entre as diversas repúblicas federadas, de modo a evitar a reafirmação da tradicional supremacia Sérvia e a impedir o perigo de que esta pudesse vir a suscitar reacções centrífugas das outras repúblicas.

6. A Rebalcanização

A reconciliação leste-oeste desde 1989 fez diminuir subitamente a importância estratégica da Federação Jugoslava entre os antigos blocos rivais. Os postulados doutrinais que lhe tinham proporcionado expressão política unitária, internacional e interna, tais como o velho "anti-estalinismo", o "não alinhamento", a "cooperação balcânica", o "anti-colonialismo", o "terceiro mundismo", a "propriedade social", a "auto-gestão", etc. perderam actualidade.

O desaparecimento do perigo comum de envolvimento numa Terceira Guerra Mundial deu lugar à revivescência das forças centrífugas das numerosas repúblicas federadas. A gigantesca máquina burocrática do *"Titismo"*, mau grado as rotações da sua presidência, revelou-se incapaz de continuar a conter as forças centrífugas das seis repúblicas. Cada uma destas passou a reafirmar identidade nacional própria e a cultivar as suas bases políticas de apoio, em tentativas para escapar ao jugo centralista de Belgrado.

Após a morte do croata Tito em 1980, a ascensão à presidência federal do Sérvio Slobodan Milosevic – hoje detido para julgamento por um tribunal *"ad hoc"* na Haia – tinha já marcado o início de uma nova política de Belgrado para manter uma unidade com base nos parentescos étnicos entre todos os eslavos do sul, dos quais os Sérvios continuavam a ser o povo mais importante.

A reactivação da solidariedade entre os eslavos do sul carecia porém de um estímulo novo ou renovado. Milosevic foi desencantar esse estímulo no velho antagonismo eslavo contra povos alógenos nos Balcãs: os Albaneses maioritários no Kosovo e os Húngaros minoritários na Voivodina. Ele foi o primeiro líder *post*-comunista a perceber a importância da **"cartada nacionalista"** e jogou-a a fundo contra a autonomia dos Albaneses da então província do Kosovo e contra o relevo consentido ao Magiares da província de Voivodina: aboliu os estatutos especiais daquelas duas províncias, subordinando-as mais estreitamente a Belgrado.

Mas a reactivação do sentimento nacional eslavo e Sérvio perante povos alógenos, em vez de ficar pelo grau de intensidade moderada compatível ainda com a solidariedade entre as seis repúblicas eslavas federadas, subiu a um grau mais elevado que o pretendido, além do qual veio a ser ultrapassado pelos sentimentos nacionais eslavos sim, mas não Sérvios, de cada outra das cinco repúblicas. Ao abrir a "caixa de Pandora" do eslavismo, Milosevic precipitou a eclosão dos nacionalismos locais de todas as repúblicas federadas eslavas, os quais detonaram a implosão de toda a Federação Jugoslava.[17]

Segundo o analista Alexandre Djilas, filho do célebre companheiro de Tito, Milovan Djilas, que veio a tornar-se o mais célebre dissidente do regime Jugoslavo, o sistema de Milosevic ter-se-á caracterizado por aquilo que ele apelidou de **"canibalismo político"**: *"tratava-se de se sustentar à custa dos outros partidos – patriotas ou nacionalistas – por via da absorção dos respectivos programas políticos"*.[18]

---

[17] Slobodan Milosevic, como bom marxista, mentalizado pelo "Histamat", terá pensado que, sendo os sentimentos e antagonismos nacionais domesticáveis pelos interesses económicos de classe e tendo a classe "proletária" atingido na Federação Jugoslava um elevado nível de prosperidade, ser-lhe-ia possível invocar um nacionalismo dos eslavos do sul, sintonizável com a integração económica e social alcançado pela Federação, progressivo, o qual não correria o risco de vir a ser ultrapassado por nacionalismos particularistas irracionais e retrógrados de cada uma das repúblicas ou etnias federadas, impróprios do séc. XX.

[18] Le Monde Diplomatique, Maio de 2002.

Os acontecimentos que se sucederam desde o acesso de Milosevic levaram à fragmentação violenta da Federação em cinco repúblicas independentes, até agora, que são, além da Sérvia a Eslovénia, a Croácia, a Bósnia-Herzgovina e Macedónia e ainda à autonomização crescente de mais duas, o Montenegro e o Kosovo.

Pode dizer-se, sem pretender aproximar o Marechal Tito croata e marxista, do Sultão vermelho Abdahl-Ahmid turco e muçulmano, nem tão pouco o pseudo-nacionalista e ex--camarada Milosevic, do nacionalista Kemal Ataturk, que assim como a erosão do Império Otomano dos fins do século XIX deu origem à primeira balcanização, assim também a implosão da Federação Jugoslava nos fins do século XX deu lugar a uma "rebalcanização".

A implosão da Federação Jugoslava, as guerras civis que se lhe seguiram, sobretudo no Kosovo, bem como os bombardeamentos norte-americanos à Sérvia, repercutiram-se fortemente na Macedónia já após a independência desta, como vamos ver.

7.   A Nova Internacionalização da Questão Balcânica

A implosão da Federação Jugoslava desde 1991 acompanhada de subsequentes guerras civis e internacionais entre as repúblicas federadas e entre as minorias étnicas dentro delas foi seguida e acompanhada por intervenções internacionais diplomáticas, económicas e militares destinadas a evitar, reduzir ou extinguir os conflitos, mas cujos efeitos nem sempre corresponderam aos propósitos.

Vimos a seu tempo que a primeira internacionalização da "Questão Balcânica" em 1877 tinha sido efectuada directamente pelas principais potências europeias mais interessadas na herança do Império Otomano, como a Rússia, Áustria e

Inglaterra. Ela prolongou-se depois do agravamento decorrente da revolta macedónica de St Illindem em 1903 até à expulsão dos Turcos quase completa do continente europeu e à fragmentação da Macedónia nos Termos do Tratados de Londres e de Bucareste em 1913.

A segunda e actual internacionalização tem sido exercida principalmente por organizações internacionais desde 1992, como a União Europeia a O.N.U., a N.A.T.O. e a O.S.C.E., embora pressionadas frequentemente pelas potências europeias e extra-europeias mais interessadas em alguma das possíveis soluções da questão, que lhes permita um acréscimo de influencia na Península Balcânica.

A análise desta questão não caberia nas proporções deste trabalho que é dedicado especialmente à Macedónia. As referencias a ela serão limitadas portanto aos seus efeitos colaterais na Macedónia já independente desde 1991.

8. A Independência da Macedónia

A implosão da Federação Jugoslava abriu caminho também à independência da Macedónia. Esta independência apesar de ocorrida no âmbito da nova "Questão Balcânica" decorreu de modo pacifico, ao contrario de todas as outras ocorridas no mesmo âmbito. Atravessou duas fases distintas

Numa primeira fase, ainda na constância da Federação, o então presidente da Macedónia Kiro Gligorov, bem como o então presidente da Bósnia, Alija Izetbegovic, conscientes de que, dada a inviabilidade económica, a heterogeneidade das populações de uma e de outra destas repúblicas misturadas segundo um "leopard skin pattern", e as velhas ambições dos seus vizinhos, elas estariam mais seguras dentro do quadro da Federação, de que confinadas aos seus recursos próprios, não mostraram entusiasmo pela independência. Pelo contrário, propuseram ao governo de Belgrado a constituição de uma "Federação Assimétrica" composta por um núcleo principal formado pela Sérvia e pelo Montenegro e por uma periferia formada pelas outras repúblicas. Entre estas outras, a Macedónia e a Bósnia ficariam mais próximas do núcleo e ligadas a este, enquanto que a Croácia e Eslovénia ficariam mais afastadas e poderiam optar por uma autonomia mais larga. Porém, quando se tornou claro que estas duas repúblicas optariam pela independência, a Macedónia e a Bósnia resolveram segui-las, pois não queriam ter que lutar sozinhas pela sua sobrevivência dentro de uma mini-Jugoslávia dominada por Belgrado.

Numa segunda fase já depois de reconhecidas as independências da Eslovénia e da Croácia e perante o perigo de utilização dos regimentos macedónicos pelo exército Sérvio em guerra contra a Croácia, o presidente K. Gligorov obteve a concordância de Milosevic para a retirada das tropas Sérvias que se encontravam na Macedónia e para a convocação de um referendo local acerca da possível independência. O referendo efectuado em 8-IX-91 e no qual participaram 94% dos recenseados, pronunciou-se pela independência, apesar de boicotado por Albaneses. Esta foi proclamada pelo governo de Skopje, presidido por Gligorov em 17 do mesmo mês.

Em Janeiro de 1992 uma Comissão formada pela União Europeia e presidida pelo Presidente do Tribunal Constitucional de França, Badinter, elaborou um relatório acerca das repúblicas da Federação Jugoslava que estavam em condições de serem reconhecidas como independentes, que terminou por designar entre estas tão somente a Eslovénia e a Macedónia.

Nesse mesmo ano, em Setembro, a pedido do então Presidente Macedónico, Gligorov, a O.S.C.E. enviou para Skopje, no desenvolvimento da sua competência para prevenção e gestão de conflitos, uma Missão que ficou conhecida por *"Spill*

Over" encarregada, entre outras tarefas de exercer a sua influência junto das autoridades macedónicas e das chefias albanesas, no sentido de as levar a aceitar soluções que evitassem ou pelo menos moderassem confrontos entre elas. Esta missão que será referida mais adiante no capitulo sobre a O.S.C.E. teve uma dependência na cidade de Tetovo, no noroeste da Macedónia onde as reivindicações dos Albaneses para o reconhecimento oficial do seu idioma subiam de tom por ocasião da abertura ali de uma nova Universidade.

Porem, apesar dos progressos registados no caminho para o reconhecimento internacional da independência da Macedónia, aquele foi protelado por força principalmente da oposição da Grécia, indicada na introdução a este estudo, até à sua admissão como membro da ONU graças à decisão da Assembleia Geral de 4-VIII-1993. Seguidamente a Macedónia foi admitida em 1994 no Conselho da Europa, na O.S.C.E. e na Parceria para a Paz ligada a N.A.T.O.. Nesse mesmo ano Skopje e Atenas normalizaram as suas relações nos termos de um *"memorandum"*. Entretanto a Macedónia foi participando em conferências internacionais, e aprofundando a sua integração nas organizações europeias. O estabelecimento de relações diplomáticas com os países vizinhos iniciou-se em 1995.

Durante todo este período inicial de independência, o governo de Skopje conseguiu manter a paz interna, perturbada apenas por incidentes esporádicos como o ocorrido a propósito da aceitação do idioma Albanês na Universidade de Tetovo cuja solução só foi alcançada mais tarde em 2001, como veremos no capitulo sobre a O.S.C.E..

Merece ser salientado que a separação da Macedónia em relação à Federação Jugoslava foi a única que decorreu pacificamente. Esta excepção deve-se em parte à circunstância de ambos os Estados estarem situados perante o perigo comum do irridentismo Albanês. Tanto o governo de Skopje como o de

Actualidade   57

Belgrado estavam cientes de que quanto mais tarde ocorresse a independência da Macedónia, maiores seriam as probabilidades, em atenção à alta taxa de natalidade dos Albaneses, de a independência acontecer em favor destes, com o perigo de uma extensão envolvente da Albânia. O caracter pacifico da independência macedónica deveu-se também em boa parte ao talento diplomático do então Presidente Gligorov.

9. A Reabertura da Questão da Macedónia

Apesar do modo pacífico como decorreu a separação da Macedónia em relação à Federação Jugoslava, o novo Estado independente não escapou à nova crise balcânica que tinha estalado em 1991. Os conflitos armados, em alguns casos sangrentas guerras civis e internacionais que irromperam no território da Federação, acabaram por se propagar também ao novo Estado embora com alcance menos devastador, dando origem a reabertura da "Questão da Macedónia" e pouco depois a uma nova internacionalização desta questão.

Entre as guerras Jugoslavas, aquela que se repercutiu mais na Macedónia já independente, foi a Guerra Civil no Kosovo. Esta repercussão é explicável por varias razões, entre elas: a contiguidade territorial entre os dois países; a facilidade de deslocação ao longo da bacia do rio Vardar, já aludida no anterior panorama estratégico; as afinidades étnicas e religiosas entre os albaneses maioritários no Kosovo e os minoritários na Macedónia; e, acima de tudo, a galvanização dos sentimentos de solidariedade nacional entre uns e outros, produzida pelos bombardeamentos aéreos americanos sobre os Sérvios no Kosovo e na própria Sérvia em 1999.

Estes e outros factores têm levado boa parte dos analistas das questões balcânicas a formarem a opinião de que foi a partir de Pristina, Capital do Kosovo, que a rebelião dos Albaneses alastrou não apenas ao Vale do Presevo no sul da Sérvia, mas especialmente ao noroeste da Macedónia.

Diga-se a este respeito que há quem antecipe que as rebeliões Albanesas alastrarão também ao Montenegro. E o próprio Presidente Jugoslavo, Kostunica, afirmou recentemente em publico que o próximo foco do irridentismo Albanês será ao norte da Grécia, na região do Epiro. Em resumo, a extensão e o potencial destabilizador da rebelião albanesa iniciada no Kosovo, no prolongamento do seu "efeito dominó" são imprevisíveis.

Para a mentalidade religiosa muçulmana partilhada pelos Albaneses, pode ser impressionante a circunstancia de que os diversos países contíguos que eles habitam. Albânia, Kosovo, Norte da Macedónia e Sul da Sérvia, preenchem a forma de "quarto crescente" símbolo por excelência da fé muçulmana.

Voltando à projecção da guerra no Kosovo sobre a Macedónia, convém para sua compreensão revisitar os acontecimentos naquela Província que a avolumaram; rapidamente, tanto mais que já foram objecto de estudo anterior.

A insatisfação das populações muçulmanas da Bósnia e reflexamente do Kosovo, com os Termos dos Acordos de Dayton em 1994 convenceram-nas de que tinham que optar por uma política mais radical na organização da sua defesa. No Kosovo a "resistência pacífica" do político moderado Ibrain Rugova foi ultrapassada pela rebelião activa de forças armadas Kosovares conhecidas por Exército de Libertação do Kosovo – U.C.K. – que desencadeou desde 1994 uma série de atentados terroristas contra as populações Sérvias locais, chegando a dominar pela violência quase um terço do território daquela província. Esta opção não deixou de se contagiar aos albaneses da Macedónia que a partir de 1996 intensificaram as suas exigências contra o governo de Skopje, designadamente quanto à oficialização do

Actualidade 59

seu idioma e à autonomia local das suas comunidades. As exigências foram secundadas por protestos, greves de fome e manifestações de massas em 1996 e 1997.[19]

Os bombardeamentos aéreos Americanos contra a Sérvia, iniciados em 24 de Março de 1999, tiveram por antecedente próximo o fracasso, aliás previsível, da Conferência de Rambouillet terminada cinco dias antes a 19 de Março. O fracasso consistiu na recusa do representante de Belgrado em aceitar propostas elaboradas por iniciativa americana e apresentadas por um "Grupo de Contacto", entre as quais o posicionamento de forças militares internacionais não só no território do Kosovo onde prosseguia a guerra civil, mas também em toda a Jugoslávia, e a convocação de um "referendum" sobre a independência do Kosovo no prazo de 3 anos – o célebre Anexo B do Projecto de Acordo. Note-se que as propostas foram apresentadas como um "ultimatum" numa base de "pegar ou largar" com desrespeito total pelas regras de negociação e pela mentalidade Jugoslava avessa a "Diktats"; no que revelaram, segundo alguns observadores, a ausência de genuína vontade negocial para chegar a um acordo. Os Sérvios recusaram-se a aceitá-las por as considerarem, e com razão, ofensivas da soberania nacional. Merece ser esclarecido que o motivo invocado pelos americanos para convocação urgente da conferência em 29 de Fevereiro, foi a acusação feita por um general americano reformado, William Faulkner, investido em funções diplomáticas como Embaixador, de que as tropas Sérvias em guerra civil no Kosovo,

---

[19] A revolta dos albaneses kosovares e a acção violenta do U.C.K. foi agravada subitamente pela anarquia na Albânia desde Março de 1997. O colapso das instituições estatais permitiu a entrada no mercado negro de 600.000 armas que foram canalizadas para o arsenal do U.C.K.. A intensificação das acções deste obrigou as forças armadas jugoslavas a ripostar, a princípio com contenção, mas depois à medida que os atentados do U.C.K. se intensificaram e visaram populações civis sérvias, a dureza do conflito cresceu.

teriam perpetrado um horrível massacre em Raçak em 15 de Fevereiro. Esta acusação divulgada instantaneamente pelos "mass media" internacionais e ilustrada por impressionantes provas fotográficas, viria a ser desmentida pelo relatório pericial de uma missão mandatada pela União Europeia e presidida pela Dr³ Helena Ranta. Entretanto porém o dito "massacre" tinha proporcionado o ultimatum de Rambouillet e o início dos bombardeamentos americanos a coberto da N.A.T.O.. Estes bombardeamentos,[20] além de galvanizarem o sentimento nacional unitário de todos os núcleos populacionais Albaneses espalhados pelos diversos países da região, nomeadamente da minoria Albanesa na Macedónia, conforme já foi indicado, motivaram Milosevic a acelerar a expulsão dos Albaneses do Kosovo, favoritos dos Americanos, para os países vizinhos, entre os quais a Macedónia, onde a onda de refugiados Kosovares subiu a 350.000. É oportuno registar aqui, a tal respeito, as palavras de Lord Carrigton Secretário Geral da N.A.T.O. entre 1984 e 1988 e antigo Ministro dos Negócios Estrangeiros da Inglaterra: *"Penso que a N.A.T.O. ao bombardear a Sérvia, acabou por precipitar o êxodo dos Albaneses para a Macedónia e o Montenegro. ... considero que foram os bombardeamentos que provocaram a limpeza*

---

[20] Na sequência do fracasso aliás previsível da Conferência de Rambouillet, os E.U.A. e alguns dos seus aliados no âmbito da N.A.T.O. executaram uma operação chamada "Allied Force" desde 24-III-99, que consistiu no bombardeamento aéreo nocturno e diurno da Sérvia, durante 78 dias até à capitulação do governo de Belgrado. É oportuno registar, para evitar confusão, que esta operação nem cabia na competência defensiva da N.A.T.O., nem foi autorizada pelo Conselho de Segurança das Nações Unidas. Consequentemente consistiu num acto de agressão condenado no artigo 2 n.° 4 da Carta das Nações Unidas e qualificado como "crime internacional" pela resolução 2625 da Assembleia Geral das Nações Unidas n.° 1 §2. Registe-se ainda que o comportamento dos E.U.A. veio implantar na agenda de alguns juristas a "bondade" de um novo direito, senão mesmo de um dever de "ingerência – aliás bombardeamento – por motivos humanitários" invocado pelos perpetradores deste ataque – países da N.A.T.O. – contra um Estado soberano.

étnica"; em entrevista concedida à revista Inglesa SAGA em Agosto de 1999. O súbito acréscimo da população Albanesa na Macedónia veio agravar os problemas económicos e sociais de todo tipo neste país e intensificar as reivindicações da minoria Albanesa contra o governo de Skopje.

A decisão 1244 do Conselho de Segurança das Nações Unidas em 10-V-1999, que colocou o Kosovo numa situação análoga à de um protectorado internacional, semelhantemente ao que já sucedera na Bósnia, e que outorgou àquela província uma "autonomia substancial", embora dentro ainda da Jugoslávia, pelo menos durante três anos, despertou esperanças nos Albaneses da Macedónia de conseguirem obter uma solução análoga.

A derrota eleitoral de Milosevic em 29-IX-2000 e a sua substituição por Kostunica, à frente de uma coligação de numerosos partidos apoiada pela poderosa Igreja Ortodoxa de Belgrado, congraçou a boa vontade dos Americanos e dos seus aliados a favor da nova Jugoslávia. Esta alteração veio porém contrariar os Kosovares mais radicais, partidários da luta armada pela independência, pois o afastamento do seu inimigo principal, Milosevic, os privou da figura opressora "demoníaca" que lhes tinha granjeado a simpatia e o apoio da opinião pública e governativa internacional. Urgia pois, para os albaneses radicais, mudar de táctica e seguir uma política do "quanto pior, melhor". Daí uma escalada de hostilidades com propagações aos países vizinhos, entre os quais a Macedónia.

Foi sob pressão deste factores que as reivindicações dos Albaneses da Macedónia contra o seu governo em Skopje foram secundadas por uma rebelião armada em Fevereiro de 2001, ou seja, 10 anos depois da declaração de independência.

Merecem aqui particular realce as previsões do conhecido especialista em assuntos balcânicos, Misha Glenny, dadas a conhecer num artigo publicado pelo "Journal of Hellenic Issues" em 1995, respeitantes aos possiveis efeitos das agitações

Albanesas a partir do Kosovo, sobre a vizinha Macedónia: *"If Macedonia becomes the southern Balcan battlefield, the openning gun will be fired in Kosovo."*

Alguns grupos Albaneses da Macedónia, em resposta, segundo afirmaram à necessidade de defesa contra a repressão exercida pela polícia, começaram a armar-se para uma futura guerra civil. Foram encontrados depósitos clandestinos de armas na Macedónia já em Abril de 1999. Esses grupos conhecidos por grupos armados da etnia Albanesa – E.A.A.G. – não tardaram em desencadear incidentes bélicos contra as autoridades civis e policiais macedónicas nas zonas de população Albanesa, com a colaboração do exército irregular kosovar – N.L.A. – ou – K.L.A.. O exército Macedónio, embora diminuto, usou e abusou do poder de fogo da sua artilharia pesada e dos seus helicópteros de combate. O porta-voz do governo de Skopje anunciou mesmo a sua intenção de este governo decretar oficialmente o Estado de Guerra. Foram estes acontecimentos que alarmaram a comunidade internacional e determinaram a actual internacionalização da "Questão da Macedónia".

10. A Nova Internacionalização da "Questão da Macedónia"

"Vinde à Macedónia e ajudai-nos"
– Actos dos Apóstolos cap. 16, verso 9.

A actual internacionalização da "Questão da Macedónia" seguiu o mesmo padrão da prévia internacionalização da "Questão Balcânica" que chegou gradualmente até ela. Foi também exercida principalmente por organizações internacionais embora se sinta por trás de algumas delas a pressão imprimida por algumas potências mais interessadas.

Actualidade 63

Consoante já foi indicado no capítulo anterior a primeira organização europeia que interveio preventivamente na Macedónia, foi a O.S.C.E. em 1992, já depois da proclamação da independência, mas ainda antes de a situação interna se ter tornado conflituosa por contágio dos conflitos no Kosovo. Atendendo porém a que a O.S.C.E. vai ser tema de um capítulo separado, interessa mais por enquanto enumerar as intervenções de outras entidades.

Em 1993, por iniciativa Americana, foi posicionada na Macedónia um contigente da O.N.U. de cerca de 500 "capacetes azuis" composto maioritariamente por soldados nórdicos e Americanos, conhecido como U.N.P.R.E.D.E.P., como base e retaguarda que permitisse acompanhar e se necessário intervir num eventual conflito no vizinho Kosovo.

Entre Junho e Setembro de 1998 tiveram ali lugar amplas manobras militares da N.A.T.O. e o então Secretário Geral daquela aliança visitou oficialmente Skopje.

Em 1999, por impulso americano, foram feitos também na Macedónia os preparativos logísticos para o posicionamento de uma força militar sob a designação de força multinacional para a paz no sudeste europeu – M.P.F.S.E.E. – composta por contigentes de vários Estados da região e da Itália.

Também em 1999 a Macedónia serviu de base para a instalação de forças da N.A.T.O. com a função de conduzir e proteger, se necessário, uma eventual retirada precipitada da Missão de Verificação no Kosovo – K.V.M. – que trabalhava nesta província sob a égide da O.S.C.E..

É natural que a multiplicação de tantos movimentos de tropas estrangeiras num país tão diminuto não pudesse contribuir para serenar os ânimos da população local, sobretudo da minoria Albanesa que já tinha motivos de queixa contra o governo central.

A União Europeia, no desenvolvimento da sua Política Externa e de Segurança Comum interveio exercendo uma função diplomática para terminar o conflito armado na Macedónia. Conseguiu que o governo de Skopje aceitasse a formação de uma **grande coligação** em 13 de Maio de 2001 que integrou os dois maiores partidos albaneses, destinada a conter as facções extremistas de um e outro campo e a evitar uma guerra civil em larga escala.

Porém pouco depois, o Embaixador americano Frowick, representante especial do Presidente em Exercício da O.S.C.E., tomou a iniciativa pessoal sua, que não da O.S.C.E., de entrar em negociações separadas com o Exército de Libertação Nacional dos Albaneses – N.L.A. – as quais redundavam no reconhecimento de um estatuto oficial aos grupos armados. Esta iniciativa pessoal de Frowick desagradou profundamente aos Macedónios para quem o N.L.A. não passava de um "bando de terroristas" e que acusaram a O.S.C.E., de estar a tomar o partido dos rebeldes. Desagradou igualmente à O.S.C.E. cuja política de apaziguamento tinha sido prejudicada por aquela iniciativa. Frowick foi substituído no seu cargo de representante do Presidente em Exercício da O.S.C.E. pelo Alto Comissário para as Minorias Nacionais da mesma organização; mas o desagrado dos Macedónios subsistiu.

O desagrado dos Macedónios a respeito da intervenção ocidental foi ainda agravado seguidamente pelo facto de a escolta dada pela U.E. à retirada de algumas centenas de insurrectos Albaneses da cidade Arasinovo, ter integrado alguns elementos da O.S.C.E.. A imprensa de Skopje passou doravante a denunciar num discurso inflamatório, a cumplicidade que haveria sido estabelecida entre a U.E., a N.A.T.O. e a O.S.C.E. e os rebeldes.

O Exército Macedónio aproveitou o clima de exaltação popular anti-ocidental, para iniciar sem consulta prévia nem supervisão da Comunidade Internacional, como fora combinado, a reentrada nos territórios ocupados pelos rebeldes e nas zonas sensíveis.

Este procedimento fez com que a Cimeira do G-8 em Roma, em Junho do mesmo ano, adiasse a convocação de uma Conferência de Doadores que estava prevista para Outubro seguinte e que se destinava a contribuir para a melhoria da situação económica na Macedónia.

A grande coligação entre os partidos da etnia Macedónica e os da etnia Albanesa ainda assim se manteve, mas ficou abalada, como viria a ver-se.

No prosseguimento das intervenções referidas, a União Europeia e os Estados Unidos da América negociaram um acordo com a Macedónia na cidade de Ohrid. Os negociadores deste acordo foram F. Léotard – U.E. –, J. Pardew – E.U.A. – e o Presidente da Macedónia, Traijkovski, acompanhado pelos Chefes dos principais partidos, tanto Macedónios como Albaneses, o acordo foi aprovado pelo parlamento de Skopje em 13 de Agosto de 2001.

O **Acordo de Ohrid** retomou numerosos pontos contidos num anterior plano elaborado pelo Presidente Traijkovski e juntou-lhes outros pontos especificados pelo Presidente do Tribunal Constitucional de França, Badinter, o mesmo jurista que anteriormente, em Janeiro de 1992, por incumbência da U.E., tinha entendido que a Macedónia reunia as condições necessárias ao reconhecimento da sua independência.

Aquele acordo, cujo texto se encontra em anexo, indicou os deveres que o Governo da A.R.J.M. se comprometeu a cumprir, como os de respeitar certos princípios gerais de comportamento político interno – n.º 1 – e de cumprir certas regras – n.ºˢ 2 a 9. Entre os compromissos aceites contam-se por exemplo:

— A cessação de hostilidades na Macedónia e o desarmamento e destruição das armas dos rebeldes albaneses locais;

— A consagração da soberania e da integridade territorial da A.R.J.M.;

— A participação desta república nos processos tendentes à integração europeia e atlântica;

— A equiparação da Igreja Ortodoxa e da Igreja Muçulmana nas suas relações com o Estado;

— O uso oficial do idioma albanês no ensino e nos actos oficiais, segundo a *"ratio"* da densidade populacional;

— A formação de uma sociedade civil respeitadora das diferenças étnicas e religiosas;

— O repúdio do uso da violência;

— A descentralização dos círculos eleitorais, com vista à realização de futuras eleições;

— A realização de um "censo" da população que permita conhecer qual é a proporção real da minoria albanesa, bem como as de outras minorias;

— A igualdade dos indivíduos de todos os grupos populacionais perante as leis, bem como a participação equitativa dos grupos na administração pública, polícia e tribunais;

— A reformulação dos procedimentos parlamentares;

— A instituição de um Provedor de Justiça para análise das queixas contra as autoridades;

— A renúncia à definição da Macedónia como "Nação dos Macedónios e de outras minorias", por ser ofensiva da população albanesa.

O Acordo de Ohrid contem disposições programáticas cujo modo e tempo de implementação está pouco definido; pelo que parece oferecer um exemplo de *"soft law"* ou direito verde, cuja função útil carece ser completada por outras disposições mais taxativas. Por isso mesmo foi completado por três anexos sobre Emendas à Constituição, Alterações legislativas e Medidas geradoras de confiança – C.B.M. – entre os grupos contra-

Actualidade

postos, no seguimento de uma técnica de prevenção característica da O.S.C.E.; além de três provisões finais de índole processual. Como se verá mais adiante.

A discussão à volta da aprovação parlamentar do Acordo de Ohrid mostrou que os Macedónios eslavos continuavam muito reticentes a respeito de algumas disposições, especialmente aquelas que visam maior descentralização e dentro delas as que abrem a porta à fusão de municipalidades; no receio de que por esta porta ou portão possa entrar um "Cavalo de Tróia" ou de Tirana prestável aos albaneses para conseguir a fragmentação política da república. O Acordo mostrou também por outro lado que os albaneses pretendiam que não fossem convocadas eleições gerais antes da concretização prática de todas as suas disposições; ao contrário dos eslavos que insistiam apenas nas disposições respeitantes ao seu controlo dos territórios ainda ocupados pelos rebeldes albaneses e na revisão da lei eleitoral.

Os principais pontos fracturantes durante os debates foram a admissão limitada do idioma albanês como língua oficial, a renúncia à definição da Macedónia como "Nação dos Macedónios e de outras Minorias" e a equiparação da Igreja Muçulmana à Igreja Ortodoxa nas suas relações com o Estado. Além disso a pretensão dos albaneses para estabelecer um sistema de dupla maioria em matérias legais atinentes a assuntos étnico-religiosos, foi rejeitada pelos negociadores internacionais, por se entender talvez que estaria em contradição com o cariz "civil e multiétnico" que se pretendia imprimir à sociedade macedónica.

Merece referência o facto de a Grande Coligação se ter desfeito recentemente aquando da assinatura e ratificação do Acordo Quadro de Ohrid – que se processou de uma maneira relativamente célere quando medida pela "bitola balcânica" (efeito Rambouillet?) – pela saída dos Macedónios moderados da Aliança Social Democrata (S.D.S.M.) a qual continua a ser constituída na sua maioria por quadros socialistas e antigos "aparatchiks". Estando previstas eleições antecipadas para o Outono de 2002 a defecção do S.D.S.M. dever-se-á talvez a razões políticas de ordem interna e a propósitos eleitoralistas uma vez que estes parecem liderar as sondagens públicas, sendo verosímil que os moderados queiram atingir maior protagonismo no seio dum futuro governo.[21]

As eleições parlamentares deverão ter lugar em 15 de Novembro de 2002.

Um dos anexos ao Acordo de Ohrid, o anexo C adjudicou um mandato específico à O.S.C.E. – caracterizado pela variedade de competências e pela conjugação com intervenções da O.N.U.. Representa, nas matérias a que se aplica, uma "versão robusta" do Acordo-Quadro, consoante será descrito no capítulo relativo à intervenção da O.S.C.E. na questão macedónica.

Convém notar ainda, antes da passagem a um capítulo sobre a O.S.C.E., que a aprovação parlamentar local do Acordo de Ohrid na sua especialidade, só foi possível após um prolongado debate público do qual resultaram 15 emendas ao texto, a principal das quais incide sobre o uso, aliás limitado, do idioma albanês, enquanto língua oficial da Macedónia.

É de sublinhar que o ex-Presidente da A.R.J.M., Kiro Gligorov, o mesmo que incorreu na inimizade perigosa dos

---

[21] Esta alta do partido macedónico moderado S.D.S.M., em princípio mais atreito a compromissos, nas sondagens poderá parecer paradoxal num clima de exaltação nacionalista. Talvez ela se fique a dever a uma razão conjuntural. De facto o V.R.M.O. – D.P.M.N.E. constituía o principal partido Macedónio dominante da "Grande Coligação" e integrava a "linha dura" nacionalista. Como o Acordo Quadro de Ohrid é visto pela população Macedónia como uma concessão excessiva feita aos Albaneses o V.R.M.O. – D.P.M.N.E., enquanto partido Macedónio mais implicado nas concessões, perdeu popularidade. O S.D.S.M. saindo da coligação pretendeu ganhar os votos que aquele perdeu.

extremistas eslavos por causa da questão da bandeira inicial, como está referido na Introdução, mas que, apesar de retirado da vida política, continuava a gozar do prestígio de ter sido o "fundador" da recente independência da A.R.J.M., saiu à liça para condenar o Acordo de Ohrid, por este ser demasiado condescendente com a minoria albanesa.

Foi ainda durante a negociação de Ohrid que a intervenção de organizações internacionais se intensificou. A O.N.U. aprovou e a N.A.T.O. lançou duas operações na Macedónia contra os rebeldes albaneses, após um acordo por troca de notas entre o Secretário-Geral da N.A.T.O. Lord Robertson e o Governo de Skopje assistido pelos chefes dos principais partidos com assento parlamentar, tanto eslavos como albaneses.

A primeira destas operações, designada por **"Essential Harvest"** foi iniciada em 5-IX-2001 e procedeu à recolha e destruição daquele armamento que os rebeldes Albaneses da Macedónia houveram por bem entregar-lhe no total de 3.500 armas. Decorreu pacificamente à parte alguns incidentes isolados.

A segunda operação aprovada em 25-IX-2001, designada por **"Amber Fox"**, consistiu no envio para a Macedónia de uma força militar da N.A.T.O. sob chefia alemã, dotada de um mandato "robusto" com a incumbência de zelar, em conjunto com as forças armadas macedónicas, pela protecção dos observadores internacionais que tinham sido enviados previamente para verificar a aplicação do Acordo de Ohrid e seus anexos, entre outras tarefas.

A aprovação do envio da "Amber Fox" e dos termos do seu mandato foi negociada simultaneamente em Nova York (O.N.U.) e em Viena (O.S.C.E.). Representou uma solução de compromisso entre a posição da Rússia que preferia um endosso formal por parte do C.S.N.U. – apoiada pela Alemanha que também advogava esta solução por motivos de política interna, dado que carece de aprovação parlamentar do *Bundestag* para participar neste tipo de actividades – e a posição dos restantes Estados participantes, que se inclinavam para uma mera "benção" onusiana.

Actualmente está em debate a prorrogação da **"Operation Amber Fox"** que deveria ter sido decidida em Março, bem como a questão de saber se a sua liderança poderá continuar a ser assegurada pela N.A.T.O. ou se não deverá antes transitar para a União Europeia, eventualmente assistida pela O.S.C.E..

Os advogados desta última opção avançam entre outros argumentos a tese de que se a União Europeia não conseguir iniciar a sua primeira operação militar antes dos alargamentos da N.A.T.O. e da União Europeia, dificilmente o poderá fazer depois, atrasando a evolução dos mecanismos e da operacionalidade da P.E.S.D.. Acresce qu1e uma tal solução daria corpo aos acordos firmados entre estas duas Organizações Internacionais com o efeito lateral de contribuir para ultrapassar o impasse "teológico" entre Atenas e Ankara (sobre a questão de Chipre, entenda-se).

Outra intervenção internacional com incidência embora indirecta sobre a Macedónia, foi a divulgação pela Missão das Nações Unidas no Kosovo – U.N.M.I.K. – de um documento assinado por representantes do Governo Jugoslavo e do Secretário Geral das Nações Unidas, recomendando enfàticamente aos Sérvios que participassem nas próximas eleições no Kosovo em 17-XI-2001. Este documento consagrou de certo modo a aprovação internacional para que Belgrado mantenha alguma influência no Kosovo. Tal aprovação atenuou na Macedónia a perspectiva dos Albaneses numa independência dos seus correligionários do Kosovo a curto prazo, pelo que terá exercido sobre eles um efeito calmante.

Não obstante as intervenções e pressões internacionais a favor da estabilização política da Macedónia por via do cumprimento do Acordo de Ohrid pelo governo de Skopje, continuam de pé vários obstáculos à vigência efectiva deste acordo. De imediato o principal óbice que se coloca à estabilização do país e ao sucesso da implementação do Acordo de Ohrid reside na temática da **"amnistia"** para os rebeldes Albaneses que o executivo de Skopje quer condicionar ao desmantelamento das suas forças armadas e à reocupação pelas forças armadas e/ou polícia macedónica, das zonas ocupadas pelos guerrilheiros. Além disso o governo reserva-se o direito de julgar desertores e refractários das suas próprias fileiras bem como os insurrectos Albaneses que sejam acusados de crimes de guerra e contra a humanidade, excluindo assim a possibilidade de expatriar estes últimos para Haia. A ausência continuada de uma solução sem ambiguidades para o problema da amnistia acarreta a impraticabilidade do processo do regresso dos refugiados. Se este regresso tardar, o tempo tenderá a consagrar uma partilha "de facto" da Macedónia/A.R.J.M.. Afigura-se pois essencial resolver reste problema. A recente "declaração de intenções" do Presidente Traijkovski no sentido da concessão duma amnistia não satisfaz os Albaneses, que a querem ver consagrada por um acto legislativo.

Da maneira como decorrer a **reentrada faseada e ordeira das Forças de Segurança** do governo de Skopje, monitorada por observadores da O.S.C.E. ("police advisors"), nos cerca de 10% dos territórios ocupados pelos rebeldes, dependerá também muito o sucesso ou insucesso da implementação do Acordo de Ohrid. De momento o debate gira em torno da questão sobre se o exército macedónico deve retirar ou não os postos de controlo ("check points") que entretanto instalou nos limites daquelas zonas, antes ou depois da reentrada. Skopje insiste na última modalidade a fim de reduzir os perigos que correm os elementos das Forças de Segurança, enquanto que os Albaneses se inclinam para a primeira hipótese argumentando que os "check points" intimidam a população Albanesa, prejudicando o seu regresso.

A implementação do acordo tem sido sucessivamente procrastinada na medida em que os Macedónios temem que a aplicação da **Lei sobre o Governo Local**, sobretudo no atinente aos tópicos da administração conjunta, saúde pública (que implica um avultado orçamento) e educação, venha afinal a redundar numa nova "engenharia administrativa de círculos eleitorais" conducente a um separatismo albanês. Aos 24 de Janeiro foi aprovada uma lei que reforça o poder local (85 votos a favor, 4 contra e 4 abstenções). Resta ver se e como ela será aplicada.

IV. A ORGANIZAÇÃO PARA A SEGURANÇA E A COOPERAÇÃO NA EUROPA

A índole peculiar do Acto Final de Helsínquia que criou a C.S.C.E., hoje chamada O.S.C.E., foi caricaturada expressivamente pelo seu comentador britânico Emil Fawcett:

"Is a new kind of animal. It has the body of a treaty, the legs of a resolution and the head of a declaration of intent."

A intervenção da O.S.C.E. ao lado de outras organizações no âmbito da internacionalização da actual crise da A.R.J. da Macedónia assume um interesse especial por várias razões. Uma razão geral está na vocação desta organização para a diplomacia preventiva, diferentemente do que sucede com outras organizações mais dotadas para a repressão de que para a prevenção de crises, consoante veremos.

Em comparação com a NATO que continua a ser uma organização militar, não obstante todos os seus esforços para civilizar-se e com a U.E. que continua a ser uma organização económica e financeira, não obstante todos os seus esforços para politizar-se, a O.S.C.E. é uma organização civil apta a compreender outros aspectos da vida social como os culturais e humanitários e a ocupar-se deles de modo a evitar as crises, ou, se isso não foi possível, a minorá-las; isto sem desprezo das suas pontuais cooperações com outras organizações cuja intervenção também tem sido necessária.

Outra razão mais particular está na circunstância de a presidência da O.S.C.E. competir a Portugal durante o ano em curso.

Uma e outra destas razões torna oportuna uma apresentação sucinta da O.S.C.E., antes das referências às suas intervenções em curso na A.R.J.M.

11. **Origens da O.S.C.E.**

A C.S.C.E. mais tarde transformada em O.S.C.E. remonta a uma série de propostas que a U.R.S.S. apresentou em meados da década de 50 ainda em plena "guerra fria", mas já depois da morte de Estaline. As propostas apareceram em ligação com a noção soviética de "cohexistência pacífica" que significava, ao contrário das aparências, a insistência na continuação da luta entre os mundos comunista e capitalista, por todos os meios, excluindo apenas e aliás transitoriamente, o recurso aos meios bélicos sobre o continente europeu.[22]

Na falta de um tratado de paz entre os vencedores, que Estaline não conseguira alcançar em Yalta, Kruchtchev pretendia um compromisso provisório de não agressão que lhe permitisse consolidar a esfera do domínio soviético na Alemanha oriental e nos países de leste, ao abrigo da doutrina do "internacionalismo proletário" e da "soberania limitada" conhecida mais tarde por doutrina Breschnev; bem como desgastar as resistências ocidentais por meio da desnecessidade da aliança atlântica e de ganhos de influência na margem sul do Mediterrâneo.

Os E.U.A. e o R.U. mostraram-se muito relutantes durante longo tempo perante as propostas soviéticas. A melhor segu-

---

[22] Aquelas propostas têm precedentes na iniciativa do Czar Alexandre I para formação de um sistema de segurança europeu em 1815, bem como na proposta apresentada pelo Ministro dos Negócios Estrangeiros Soviético G. Chicherin em 1922.

rança estava para eles então na sua superioridade militar traduzida na doutrina estratégica da "resposta maciça". As propostas em vez de trazerem, se fossem aceites, um acréscimo de segurança, poderiam trazer muito bem, pelo contrário, um decréscimo desta; na medida em que viessem a permitir à U.R.S.S., a título de cooperação, um direito de supervisão *"droit de régard"* sobre as actividades continentais da NATO e pior que isso, na medida em lhe permitissem intrigar junto dos governos europeus no sentido de os convencer da desnecessidade da NATO, com a cumplicidade ingénua de alguns Estados neutrais. Soavam como um canto de Sereia.

Os países europeus, embora também tivessem começado por se mostrar relutantes, no entanto, gradualmente, foram mudando de atitude. Nesta mudança influíram vários motivos, tais como: a desconfiança dos países continentais acerca da prontidão dos E.U.A. para os defender, desde que estes, tendo perdido a sua invulnerabilidade em face dos progressos soviéticos em mísseis intercontinentais, adoptaram a nova doutrina estratégica da "resposta graduada" mais prudente, mas que deixava os aliados europeus mais expostos; a política de De Gaulle para *"détente, entente, cooperation"* com a Rússia; a chamada *"Ost Potlitik"* dos chanceleres alemães K. Kiesinger e W. Brandt; o movimento juvenil da "nova esquerda", com os seus *"slogans" "Liber Rot than Tot"* e *"Make Love not War"*.[23]

A mudança de atitude dos países europeus continentais tornou impossível aos E.U.A e ao R.U. manter a sua oposição,

---

[23] Estes movimentos juvenis aos quais foi atribuída uma inspiração euro--comunista, foram favorecidos por Moscovo por ocasião da polémica na Alemanha Ocidental e outros países da N.A.T.O. contra a instalação naquela dos foguetões americanos Pershing de médio alcance, em resposta à instalação de foguetões russos S20 na Polónia. Após a aprovação daquela instalação pelo Bundestag os movimentos juvenis perderam impulso, excepto em Portugal onde se repercutiram nas agitações académicas de 1969.

sob pena de passarem a ser vistos como campeões da "guerra fria", responsáveis pela continuação desnecessária desta e de perderem a solidariedade euro-atlântica. Os governos anglo--saxónicos aperceberam-se do perigo e mudaram também de atitude, embora sob certas condições: aceitação pela U.R.S.S: da participação dos E.U.A. e do Canadá na conferência; aceitação por aquela de vários princípios ou regras de comportamento dos Estados, entre os quais o do respeito pela autodeterminação dos povos europeus e o do respeito pelos direitos humanos, cuja aplicação, na medida em que não fosse impedida pela U.R.S.S. tenderia à erosão do bloco soviético.

Depois destas mudanças, quando em 1969 o governo da Finlândia, país considerado neutral, mas ainda então fortemente dependente da U.R.S.S., sugeriu a realização em Helsínquia de uma conferência prévia, preparatória mas sem compromissos de continuação entre todos os 35 Estados com responsabilidades na segurança europeia, todos estes Estados se prontificaram a participar. A conferência preparatória em 1973 foi um êxito. Seguiu-se uma fase de negociações em Genéve acerca do projecto do texto que deveria ser submetido à aprovação dos Chefes de Estado, durante a qual, por iniciativa sobretudo dos países neutrais, foi possível delinear o projecto de Acordo. Finalmente em 1975 foi assinado em Helsínquia pelos 35 Chefes de Estado o Acto Final da Conferência para a Segurança e a Cooperação na Europa.

O Acto Final compõe-se de 3 partes ou "cestos" principais, intercalados por 2 capítulos. O "cesto" primeiro contém a definição de 10 regras gerais, ou Decálogo destinadas a presidir ao comportamento dos Estados membros.[24] Segue-se um capí-

---

[24] O Decálogo de Helsínquia incluído no I.º Cesto *"bascket"* da Acta Final engloba os seguintes princípios:
1. Soberania e igualdade dos Estados
2. Renúncia do uso da força

tulo que especifica medidas práticas que desfaçam desconfianças perigosas entre os Estados, tais como por exemplo a notificação recíproca antecipada, do início de manobras militares. O "cesto" segundo diz respeito à cooperação científica, técnica e ambiental. Segue-se um capítulo acerca da cooperação em toda a área mediterrânea. O "cesto terceiro incide sobre a cooperação em assuntos humanitários e culturais articulada com o princípio ou regra 7.° do "cesto" primeiro, sobre direitos humanos.

A C.S.C.E., apesar da falta de carácter jurídico vinculante do seu Acto Final[25] foi um instrumento muito útil para a

---

3. Inviolabilidade das fronteiras

4. Consagração da integridade territorial dos Estados

5. Princípio da resolução pacífica dos conflitos

6. Não intervenção nos assuntos internos

7. Respeito pelos direitos humanos e liberdades fundamentais

8. Autodeterminação dos povos

9. Cooperação entre os Estados

10. Cumprimento de boa fé das obrigações consagradas no direito internacional.

Alguns destes princípios como os n.° 3 e n.° 4, foram destinados por influência da U.R.S.S. a garantir o *"statuo quo"* vigente na Europa do *post* Segunda Guerra Mundial. Outros visavam, por pressão ocidental, ressalvar a possibilidade duma evolução pacífica da situação social v,g os princípios n.° 7 e n.° 8.

A primazia dos princípios evolutivos do "Decálogo" viria progressivamente a afirmar-se ao longo das polémicas e progressos que se verificaram durante as sucessivas reuniões e conferências do processo de consolidação da C.S.C.E., sob crescente pressão da opinião pública internacional. A implementação crescente das medidas geradoras de confiança também para tal contribuiu na medida em que ajudou a criar um clima de distensão e possibilitou o crescimento da confiança mútua entre o leste e o oeste.

Porém a par destes progressos no continente Europeu, crescia o enfrentamento e competição indirecta dos dois blocos nos outros continentes, designadamente no Sudão, Etiópia, Moçambique e Angola.

[25] Segundo vários autores as regras da C.S.C.E. não são nem regras jurídicas taxativas, nem regras meramente políticas. Elas pertencem a um tipo especial de compromissos: são regras programáticas designadas por *"soft low"* ou direito verde.

passagem da "guerra fria" à "distensão" e desta à "reconciliação" les-oeste; graças à necessidade em que cada Estado se via de cumprir os preceitos que o contrariavam, se desejava que os outros cumprissem também, em reciprocidade, os preceitos que o beneficiavam.

12. **Reorientação da O.S.C.E.**

Não caberia nas proporções deste trabalho referir as numerosas conferências gerais de prosseguimento do processo internacional iniciado pelo Acto de Helsínquia, nem, menos ainda, as reuniões especiais sobre determinados temas: quer entre 1975 e 1990, ano da implosão do bloco soviético; quer entre 1990 e hoje. Importa sobretudo notar aqui que a acção da O.S.C.E., que até 1990 foi exercida sobretudo no âmbito das relações les-oeste, com vista a favorecer a passagem da "guerra fria" para a "distensão" e desta para a "reconciliação", passou a ser orientada, após 1990, em ordem a enfrentar novos perigos e conflitos regionais e locais, tais como guerras separatistas, irridentismos nacionais, conflitos étnicos, migrações, criminalidade transnacional, tráfico de seres humanos, armas e droga, terrorismo, etc; para os quais não estava preparada. Tornou-se urgente, para salvaguarda da paz, segurança e cooperação na Europa, adaptar a O.S.C.E. às novas e trágicas circunstâncias, dotando-a de novos meios de acção e transformando-a numa organização permanente.

A reorientação da O.S.C.E. foi iniciada pela Cimeira de Paris em Novembro de 1989 que aprovou a "Carta de Paris para uma Nova Europa". Este documento, aprovado numa atmosfera optimista, como se os problemas já previsíveis pudessem ser re-

---

O *"soft low"* caracteriza-se por um *"déficit"* de obrigatoriedade intrínseca e (ou) de compulsividade externa, o qual, em muitos casos é ultrapassado por via da aceitação de novos princípios gerais ou da formação de costumes.

A Organização para a Segurança e a Cooperação na Europa 79

solvidos antecipadamente por meios brandos, contém planos para a instalação de governos democráticos e respeitadores da legalidade interna e dos compromissos internacionais; como se os Estados da Europa oriental e balcânica se baseassem em comunidades homogéneas prontas para aceitar desde logo governos unitários e leis gerais. Passou do nível das relações internacionais para o plano acidentado dos regimes políticos internos na presunção de que estes pudessem ser uniformizados facilmente.[26] Além disso e para desempenho das novas tarefas criou as primeiras instituições permanentes: Secretariado em Viena, Centro de Prevenção de Conflitos em Praga e Escritório para eleições em Varsóvia. Aprovou ainda reuniões anuais de um Conselho de Ministros dos Negócios Estrangeiros e reuniões trimestrais de um Comité de Altos Funcionários. Deu portanto os primeiros passos no caminho para a conversão da primitiva C.S.C.E. que funcionava por meios de conferências espaçadas no tempo, numa nova organização permanente que é a O.S.C.E..

Os passos no sentido da institucionalização progressiva da O.S.C.E. foram prosseguidos, em resposta à proliferação de conflitos registados principalmente no decurso da fragmentação da Federação Jugoslava. Neste sentido foram especialmente im-

---

[26] Em relação à nova tarefa atribuída à O.S.C.E. pela Carta de Paris de 1990, de intervir a favor de dada forma do regime político interno – Democracia Representativa conjugada com divisão de poderes e limitada por certos direitos fundamentais – ocorrem algumas observações. Em primeiro lugar esta nova tarefa significa a projecção das funções da O.S.C.E. desde o plano internacional para os quadros políticos internos. Ou por outras palavras, da sua função aliás auxiliar de definição de Direito Internacional, para uma função de auxiliar dos Direitos Constitucionais. É pois um avanço do seu carácter intervencionista, que tanto pode trazer benefícios como prejuízos para a paz, conforme a "dose".

Em segundo lugar essa mudança, mesmo para quem considere aquele tipo específico de democracia superior a todos os outros, não deixa de parecer contraditória com várias disposições do Acto Final de Helsínquia como por exemplo os princípios I, VI e VIII, que deveriam ter sido atenuadas primeiro.

80 A Questão da Macedónia

portantes a Cimeira de Chefes de Estado em Helsínquia em 1992 que criou cargos dotados de competências e meios de acção novos[27], a Cimeira de Budapeste em 1994, que consagrou a transformação da C.S.C.E. em O.S.C.E.[28], a de Lisboa em

---

[27] A cimeira de Helsínquia de 1992 aprovou a criação do cargo de Alto Comissário para as Minorias Nacionais com sede na Haia. Aprovou também a criação de um Tribunal Arbitral de Conciliação e ainda a do Foro para a Segurança competente em matéria de armamentos. Concluiu um projecto de tratado sobre livre circulação aérea *"Open Skies Treaty"* que autoriza o sobrevoo do espaço aéreo dos Estados participantes, para inspecção de manobras militares. Entre os temas salientados contam-se a prevenção de novos conflitos e a aprovação de mecanismos para "alerta precoce" e "gestão" dos conflitos que não tenham podido ser evitados. Entre os instrumentos úteis ao tratamento destes temas contam-se as Missões de Inquérito *"Fact Finding Missions"* transformáveis em Missões de longa duração, o envio de relatores cuja actividade é iniciada com base em decisões tomadas pelo Centro de Prevenção de Conflitos, e as Missões para Manutenção da Paz *"Peace Keeping Missions"* projectadas para intervir na iminência de conflitos inter-estatais ou inter-étnicos.

[28] A Cimeira de Budapeste em 1994 alargou as competências do Escritório para Instituições Democráticas e Direitos Humanos que tinha sido criado pelo Conselho Ministerial de Praga em 1992 em vez do Secretariado para Eleições Livres instituído pela Cimeira de Paris em 1990.

As finalidades desta nova instituição conhecida por ODIHR são as seguintes.

- Estabelecer comunicações e troca de informações sobre eleições nos Estados em que estas decorrem
- Zelar para o respeito dos compromissos assumidos no âmbito da O.S.C.E.
- Contribuir para a efectivação dos "direitos humanos", da democracia e do Estado de Direito.

No que toca ao Estado de Direito, os seus objectivos são os seguintes:

- Reforçar a independência do poder judicial
- Oferecer auxílio técnico para análise dos textos constitucionais e legais
- Estudar os desempenhos da administração pública, da actividade legislativa e da sua aplicação prática no âmbito dos direitos humanos
- Assegurar a presença internacional durante os julgamentos de casos relacionados com direitos humanos
- Organizar programas de estudo e seminários acerca do Estado de Direito, abertos à participação de juristas, advogados, jornalistas e público em geral.

As suas actividades principais têm consistido em:

- Organizar conferências e seminários sobre o teor e as vias de efectivação da chamada "Dimensão Humana"

A Organização para a Segurança e a Cooperação na Europa   81

1996 que lançou as bases para a coordenação das competências das várias organizações europeias numa Plataforma de Segurança Colectiva[29], a de Istambul[30] em 1999 que progrediu na

---

- Participar nas Missões no terreno encarregadas de contribuir para o respeito pelos Direitos Humanos
- Reunir e facultar dados úteis à realização de eleições, cursos populacionais e eventuais declarações de "estados de emergência"
- Coordenar os programas de ajuda e a sua aplicação aos Estados membros da O.S.C.E.
- Prestar assistência directa ao Alto Comissário para as Minorias Nacionais, nas intervenções deste destinadas à prevenção de conflitos
- Colaboração na solução dos problemas atinentes à minoria Cigana
Relacionação técnica com Tribunais, associações de advogados, Ministérios, Universidades e Fundações.

[29] A Cimeira de Lisboa de 1996 notabilizou-se pela aprovação da ideia da criação de uma – Plataforma de Segurança Colectiva – destinada a evitar concorrências nocivas entre as várias organizações internacionais de segurança – O.N.U., N.A.T.O., U.E., U.E.O., O.S.C.E. e C.E.I. – e a preparar a cooperação útil entre elas. A coordenação das actividades destas várias organizações deverá fazer-se sentir em particular nos domínios da prevenção de conflitos, gestão de crises e reabilitação *post*-conflito. A plataforma representa um contracto de parceria entre todos os Estados membros da O.S.C.E. para se entenderem em pé de igualdade, sem cadeias hierárquicas e de modo pragmático e flexível mediante a manutenção de um diálogo contínuo e esclarecedor, a troca de informações e a multiplicação dos agentes de ligação entre eles.

[30] A Cimeira de Istambul em 1999 assinalou-se, não só por retomar o tema da – Plataforma de Segurança Colectiva – mas também por consagrar um acordo sobre a redução das Forças Convencionais na Europa, por conseguir a concordância da Rússia a respeito de um calendário para a retirada das suas forças armadas das bases que ocupa na Grécia, Chechénia e Transnístria e ainda por aprovar, em princípio, a realização pela O.S.C.E., em casos de perigo iminente para a paz, de operações armadas para a manutenção desta – *"Peace Keeping Missions"*.

No que diz respeito à Segurança Colectiva foi aprovada uma Carta que identifica os novos perigos e as novas ameaças (o terrorismo e o crime organizado internacionais, o extremismo ideológico violento, o tráfico de droga, de armas de pequeno calibre, etc) ao impacto dos problemas económicos e ambientais na Europa, à instabilidade dos seus vizinhos no Mediterrâneo e na Ásia Central, etc. A fraseologia desta Carta é um tanto vaga e permitiu a Moscovo entendê-la em sentido contrário às possibilidades de alargamento da N.A.T.O. para leste, a países

82 A Questão da Macedónia

edificação da Plataforma já esboçada e que aprovou uma lista não limitativa das actividades que devem ser desempenhadas pela O.S.C.E. mediante o envio de Missões de larga duração para o território dos Estados onde se registam perigos para a segurança interna e internacional – assunto que será tocado nos capítulos finais – e o Conselho Ministerial de Viena em 2000.[31]

---

como a Ucrânia e a Bielorrússia que ela classifica de seu "estrangeiro próximo"; apesar das críticas ocidentais contra este conceito "neo-imperialista".

No tocante às capacidades operacionais da O.S.C.E. foi abordado o tema da realização por esta de Operações para a Manutenção de Paz ou *"Peace Keeping Missions"*, embora sem especificação da necessidade ou desnecessidade de autorização prévia das Nações Unidas. Foram redefinidas as capacidades policiais para reforço da paz ou *"Peace Bulding"* e revista a operacionalidade dos grupos de agentes da O.S.C.E. para assistência e cooperação rápidas *"Rapid Expert Assistance and Cooperation Teams"*. Foi ainda elaborada uma lista "não limitativa" das actividades que podem ser confiadas às Missões de Longa Duração no Terreno.

[31] O Conselho Ministerial de Viena em 2000 ficou conhecida pela falta de progressos. Esta falta deveu-se sobretudo às atitudes obstrucionistas dos E.U.A. e da Rússia que tornaram impossível o consenso para a redacção de uma Declaração Final. A falta de consenso incidiu sobre as tentativas de solução de conflitos na região euro-asiática, também conhecida por "conflitos congelados" na acepção de insensíveis às tentativas internacionais no sentido de uma solução. São os conflitos na Moldova, Ossetia do Sul e Abkássia e as questões da Chechénia e Nagorno-Karabach. Moscovo protelou então a retirada das suas tropas daquela região petrolífera. Washington opôs-se à atribuição de personalidade jurídica à O.S.C.E. e à dotação desta com meios financeiros indispensáveis ao desempenho mais eficaz das suas missões a favor da segurança e da cooperação.

Na falta de uma Declaração Final, a Ministra dos Negócios Estrangeiros da Áustria e Presidente em exercício daquele Conselho, Benita Waldner, teve que limitar-se à elaboração de uma síntese dos aspectos positivos do Conselho. Contam-se entre estes aspectos, a readmissão da Jugoslávia, a adopção de decisões contra o tráfico de seres humanos e de armas ligeiras, o reforço das capacidades operacionais da O.S.C.E. na região balcânica, designadamente no âmbito do treino da polícia e **a designação de Portugal para a Presidência da O.S.C.E. em 2002.**

13. Características actuais da O.S.C.E.

A conversão da série de conferências numa organização permanente, foi decidida na Conferência de Budapeste em 1994. Mas a nova organização ainda não foi reconhecida expressamente até hoje como sujeito dotado de personalidade internacional diversa da dos seus Estados Membros; por oposição principalmente dos E.U.A. Esta falta não a tem impedido, em todo o caso, de desempenhar em nome próprio importantes actividades nas suas relações com os Estados Membros e com outras organizações internacionais já dotadas de reconhecimento formal explícito. A aceitação da sua capacidade de actuação em nome próprio é difícil de distinguir de um reconhecimento implícito e gradual da sua personalidade. Entre outros traços peculiares da O.S.C.E. avultam alguns:

— A sua dimensão é pan-europeia, sem deixar de ser também transatlântica e até transsiberiana! Na medida em que Estados situados para além da Europa detenham também responsabilidades na segurança e na cooperação europeias.

— É a única organização europeia de segurança de que a Rússia é membro, sucedendo até ser o seu membro verdadeiramente originário.

— Não tem assumido traços militares nem policiais, pelo que é mais útil desde as suas origens para prevenir do que para reprimir conflitos; embora a prevenção de conflitos pela O.S.C.E. não incida exclusivamente na fase anterior à eclosão destes mas os possa acompanhar mesmo depois de eclodidos, a fim de evitar o seu alastramento.

— Os Estados membros tem todos os mesmos direitos e obrigações na formação das decisões comuns, independentemente do seu tamanho, população, poder eco-

84 *A Questão da Macedónia*

nómico ou força militar; sem que figure nenhum deles em posição privilegiada como é vulgar em várias outras organizações ditas democráticas.

— As decisões são tomadas por "consenso" na acepção de falta de oposição de qualquer Estado membro; com excepção até hoje da decisão de suspender ou expulsar um Estado membro, que pode ser tomada não obstante a eventual oposição deste.

— A O.S.C.E. tem tomado consciência, cada vez mais, de que é impossível estabelecer uma paz duradoura sem que seja proporcionado um desenvolvimento económico e social auto-sustentado, na sequência aliás dos preceitos do "cesto" II do Acto de Helsínquia.

A dilatação da O.S.C.E. até aos confins asiáticos da Europa comunicantes já com a Afeganistão, se bem que pareça desmesurada, não deixou de trazer uma importância especial na decorrência dos atentados terroristas de 11-9-2001. Registe-se a este respeito que os trágicos atentados contra o Pentágono e o *World Trade Center*, apesar de não incidirem directamente sobre a segurança e a cooperação na Europa, catapultaram para o topo das prioridades da O.S.C.E. o combate ao terrorismo internacional, na sua vertente preventiva, aspecto que será referido mais adiante.

As sequências da dilatação da O.S.C.E. à Ásia Central, para a política externa portuguesa, pelo menos enquanto Portugal preside a ela, foram assinaladas pela metáfora do então M.N.E. Jaime Gama numa entrevista ao Expresso em 8-XII-2001:

"Estamos a fazer a rota de Marco Polo; com Vasco da Gama tinha-mos a visão do mar, agora teremos o conhecimento da terra"

Significa esta metáfora que, se as grandes linhas da política externa portuguesa se têm centrado recentemente na cooperação europeia e euro-atlântica, hoje, em face da evolução da con-

A Organização para a Segurança e a Cooperação na Europa   85

juntura internacional, deverão reorientar-se – ainda que temporariamente – para os Balcãs e a Ásia Central, regiões por onde passava antigamente a "rota da seda" que o aventureiro italiano percorreu até ao oriente. Essas regiões e rota parecem adequadas hoje, na falta da seda, ao petróleo que por elas poderá escorrer desde o Afeganistão, passando pelo Turkemenistão, Mar Cáspio, Tchechénia, Geórgia, Mar Negro, Bulgária, Macedónia e Albânia até ao Adriático, menos exposto a imprevistos.

14. As Missões da O.S.C.E. no Terreno

As Missões no terreno são compostas por cidadãos dos Estados membros da O.S.C.E. com experiência em outras actividades desta organização. O envio delas a cada país onde se registem perigos de conflito, tem que ser precedido de um pedido ou autorização expressa pelo governo deste país. Compete-lhes de modo geral, zelar e contribuir para que os compromissos assumidos no Acto Final de Helsínquia e completados, quer pelas sucessivas reuniões de prosseguimento, quer pelas decisões que os órgãos permanentes tomarem por consenso, sejam respeitados no país em causa, de modo a salvaguardar a paz, a segurança e a cooperação internacional e interna.

Para este efeito as Missões devem conjugar as orientações de acção distribuídas no Acto Final pelos seus Três cestos, ou seja, o respeito pelos princípios de conduta internacional dos Estados, a cooperação económica, científica, técnica e ambiental, e a cooperação em assuntos humanitários e culturais, consoante já foi referido anteriormente, na proporção que foi especificada no mandato passado a cada uma delas.

Devem também desenvolver relações de coordenação, quer com outras organizações internacionais eventualmente presentes no mesmo país, quer com as autoridades centrais e locais desse país.

As missões podem ser de vários tipos, conforme o mandato específico distribuido a cada uma pelo Conselho Permanente de Altos Funcionários com sede em Viena: inquérito de factos atentatórios da segurança; prevenção de conflitos; controle de conflitos, e reabilitação *post*-conflito.

15. O *"Modus Operandi"* das Missões da O.S.C.E.

Convém notar que o vocabulário técnico usado pela O.S.C.E. não impõe conceitos fixos nem actividades incomunicáveis. As noções usadas têm um teor oscilante e utilitário sujeito a adaptações consoante os locais e as circunstâncias mutáveis a que são aplicadas, tal como por exemplo a noção de "prevenção de conflitos" aplicável em princípio ao período que pode preceder à eclosão de um conflito, mas aplicável também, depois da eclosão, no período seguinte durante o qual importa evitar pelo menos o seu agravamento ou alastramento.

Uma vez aprovado por decisão do Conselho Permanente, o envio de uma Missão a um país e definidos pelo Centro de Prevenção de Conflitos os termos do seu mandato, em comunicação com outros órgãos como o Alto Comissário para as Minorias Nacionais – H.C.N.M. e Escritório para Instituições Democráticas e Direitos Humanos – O.D.I.H.R. – e a composição da mesma, é esta enviada para o país em causa.

As Missões tanto podem ter uma curta duração, quando o seu mandato seja circunscrito ao inquérito dos factos, como podem ter uma duração mais prolongada, quando o seu mandato abranja a prevenção de conflitos, uma gestão ou a reabilitação *post*-conflito.

As Missões de longa duração são um dos instrumentos principais da O.S.C.E. nos Balcãs e também na Ásia Central. Compete-lhes não só implementar as linhas de actuação que

A sua tarefa principal continua a ser a **prevenção de conflitos** para o que têm de proceder atempadamente à localização dos potenciais pontos de crise ou fricção *"hot beds"*. Os pontos de fricção podem emergir de violações dos direitos humanos relacionados com a chamada "dimensão humana" do Acto de Helsínquia, mas podem emergir de atentados à Democracia consagrada como regimen obrigatório desde a carta de Paris de 1990 e ainda de mais alguns factos e acontecimentos, tais como:

— Na Ásia Central, o fundamentalismo islâmico e o terrorismo de projecção mundial, bem como algumas questões ambientais, entre elas a gestão dos recursos hídricos e fluviais, dado que existem ali países com *"superhavit"* de águas, especialmente os confinantes com grandes lagos ou mares interiores, ao lado de outros países onde o *"déficit"* de água constitui uma ameaça permanente à subsistência da população e à estabilidade política;

— Nos Balcãs, as questões que opõem as diferentes etnias entre si e o fenómeno do separatismo irridentista que delas decorre, na sequência de implosão da federação Jugoslava, ou seja, no fundo, da "rebalcanização" dos Balcãs.

A prevenção dos conflitos processa-se mediante o recurso aos mecanismos de "alerta precoce" e de "reposta rápida" accionados por diversas instituições permanentes da O.S.C.E. em cooperação umas com outras. Algumas dessas instituições gozam de um razoável grau de autonomia, tais como e Organização para Defesa da Democracia e dos Direitos Humanos – O.D.H.I.R. – com sede em Varsóvia chefiada por, Gerard Stoudman, o Alto Comissário para as Minorias nacionais –

H.C.M.N. – com sede em Viena preenchido por Rolf Ekeus, os representantes especiais da O.S.C.E. para a liberdade dos meios de comunicação social – *Mass Media,* – Freimut Duve, para a formação das polícias locais, Richard Monk e para o combate ao terrorismo, Jan Frejborg, cujas actividades atingem particular importância em atenção à multiplicação dos conflitos étnicos.

As missões no terreno que são enviadas após consultas entre aquelas instituições permanentes e, não é de mais repetir, a pedido ou após autorização dos governos locais, elaboram os seus relatórios. Destes relatórios consta o diagnóstico de cada crise e as prescrições que lhe devem ser aplicadas. Os relatórios são depois apresentados ao Secretariado do Centro de Prevenção de Conflitos – C.P.C. – que dá o seu parecer e os envia por sua vez ao Conselho Permanente da O.S.C.E. e à Presidência em exercício – P. e E. –, para decisão.

As diferentes missões são ouvidas em duas reuniões anuais (uma por semestre) convocadas pela – P. e E. – sobre o delineamento e a adaptação subsequente das directivas/linhas de força, as quais depois de submetidas à aprovação da – P.e E. – e de endossadas por este ao Conselho Permanente – C.P. – e ao Centro de Prevenção de Conflitos – C.P.C. – são devolvidos por este finalmente, na sua forma actualizada, às Missões no Terreno para que estas últimas se encarreguem da aplicação prática das directivas.

Porém, se as crises não puderam ser evitadas e deflagraram mesmo, as Missões no Terreno dispõem de maneiras de activar mecanismos para a **gestão de crises** mediando entre as partes conflituantes, facilitando o entendimento entre elas e adoptando medidas geradoras de confiança, como por exemplo a formação de uma polícia multiétnica.

Além disso, no rescaldo de um conflito as Missões dispõem de métodos para **reabilitação *post*-conflito**, tais como:

A Organização para a Segurança e a Cooperação na Europa

— Reconstrução de infra-estruturas;
— Restabelecimento, ou estabelecimento, de instituições democráticas;
— Ajuda às privatizações dos bens de produção;
— Enraizamento do Estado de direito limitado pelas leis;
— Activação das relações inter-étnicas;
— Combate à corrupção e ao nepotismo;
— Protecção dos direitos humanos;
— Preparação do substrato jurídico tendente ao desenvolvimento de uma economia de mercado;
— Fomento de confiança mútua entre as partes que cessaram o conflito, por meio do funcionamento de medidas criadoras de confiança – C.B.M. –;
— Tratamento de assuntos transfronteiriços tais como os tráficos de pessoas, armas e drogas;
— Consolidação e fiscalização das fronteiras;
— Campanha contra o terrorismo;
— Gestão de problemas relativos à energia e aos transportes;
— Criação de condições favoráveis à transferência de responsabilidades administrativas das autoridades centrais para as autoridades locais *"Ownership"*).

É oportuno notar aqui, na sequência do primeiro parágrafo deste capítulo, que muitas das noções usadas a respeito das Missões no Terreno, se podem sobrepor e interagir umas sobre outras na sua aplicação a actividades exercidas simultânea e indestrincavelmente durante todo o ciclo do conflito – prevenção, gestão e reabilitação – com particular acuidade para as actividades de gestão e reabilitação que por vezes se conjugam ou confundem uma com a outra.

Actualmente a O.S.C.E. tem Missões operacionais no terreno em cerca de 20 países, mobilizando milhares de observadores. Estas Missões enviam os seus relatórios directamente ao Centro de Prevenção de Conflitos (C.P.C.), órgão nevrálgico da O.S.C.E., que por sua vez os encaminha para as Representações dos diversos Estados Participantes em Viena e para o Conselho Permanente, o qual traça linhas de orientação política aprovadas de acordo com o princípio da consensualidade que rege a actuação desta Organização. Estes relatórios são completados, entre outras fontes, pelas informações do H.C.N.M., do Representante para a liberdade dos "media e do O.D.H.I.R..

São estas missões que figuram perante as autoridades e as populações locais como o perfil visível ou a cara da O.S.C.E..

16. A O.S.C.E. e a Questão Balcânica

A área preferencial de aplicação das intervenções da O.S.C.E. é a dos Balcãs, por motivos bem salientados pelo Primeiro Ministro da Roménia, Adran Nastase:

"We are today far from having reached e definite Balkan stability. We are still witnessing the confrontation between the forces of integration and those of regional dissolution. If the latter prevail, against a background or frustrations of communities ravaged by intolerance and insecurity, our entire region could ruin its chance for a European evolution. Confronted with such a prospect, we must not forget that in a world dominated by nationalism we will be less respected that in a world build on pluralism, since only in a culture of pluralism can national identities flourish."

(Adrian Nastase, Primeiro Ministro da Roménia in STUDIA DIPLOMATICA Vol. LIII: 2000, N.º 6).

É nos Balcãs que estão patentes e muito actuantes as maiores "Missões no Terreno" da O.S.C.E.: em todos os países emergentes da ex-Federação Jugoslava, à excepção da Eslovénia.

Pode dizer-se que a O.S.C.E. constitui hoje a organização "charneira" presente na região balcânica, em atenção à sua visibilidade, flexibilidade, adaptabilidade, abrangência e capacidade de resposta rápida, aliadas ao carácter regional e inter-regional das abordagens que efectua, a par da facilidade que tem, dada a sua extensão e prolongada presença no terreno, em examinar e compreender os problemas dos diversos "microcosmos" políticos, étnicos e religiosos que caracterizam esta região.

A existência destes microcosmos deve-se como já foi anunciado, ao extenso e complexo mosaico constituído pelas dezenas de povos, nacionalidades, grupos étnicos minoritários existentes nos Balcãs, todos eles habituados a recorrentes deslocações e migrações devidas ao quase permanente estado de conflito que tem caracterizado historicamente a região, além da multiplicidade de religiões, línguas, dialectos, mentalidades, culturas e até alfabetos ali vigentes.

As actividades da O.S.C.E. naquela região têm consistido principalmente na "gestão de crises", restauração da confiança mútua entre as partes ex-conflituantes, ou "confidence building", reconciliação inter-étnica, promoção de instituições democráticas, reabilitação económica "post-conflito", etc.

Além daquelas actividades, os Acordos de Dayton sobre a Bósnia, atribuíram mais outras tarefas regionais à O.S.C.E., como a do controle dos armamentos, que assume relevo especial numa região onde proliferam desde sempre armas de todos os tipos.

Estas actividades são desempenhadas em estreita cooperação com outras organizações internacionais, quer inter-governamentais como a O.N.U., quer não-governamentais como a CARITAS, com base na Plataforma de Segurança Colectiva que visa no essencial aproveitar as "mais valias" que cada organização internacional saiba apresentar, dadas a sua índole e finalidades, a experiência acumulada e a dimensão da sua presença no terreno em questão, consoante já foi mencionado a propósito das

Cimeiras de Lisboa – 1996 – e de Istambul – 1999 –, no texto e em notas. No âmbito regional balcânico merece particular referência a cooperação que a O.S.C.E. tem facultado à efectivação das disposições e dos recursos do Pacto de Estabilidade para o Sudeste Europeu, tomando a seu cargo a luta contra o tráfico de pessoas, a melhoria da condição social das mulheres e os esforços para conciliar as vontades parlamentares em sentido útil à realização dos seus objectivos.

É evidente que as actividades da O.S.C.E. na região balcânica, como de outras organizações internacionais, não têm sido possíveis senão à custa de alguns sacrifícios de certos princípios gerais do Decálogo de Helsínquia, em favor de outros, embora em grau menor que o dos sacrifícios impostos por outras organizações, maxime, a N.A.T.O.. Os princípios "fixistas" da Inviolabilidade das Fronteiras – III –, Integridade Territorial dos Estados – IV – e Não Intervenção nos Assuntos Internos – VI – tem sofrido lesões em favor dos princípios "evolucionistas" do Respeito pelos Direitos Humanos e Liberdades Fundamentais – VII – e da Autodeterminação dos Povos – VIII –, como seria aliás de prever desde a Carta de Paris para uma Nova Europa em Novembro de 1989, já referida em texto e em notas.

17. A O.S.C.E. e a actual Questão Macedónica

As considerações expostas anteriormente nas partes I e II deste estudo tendem a mostrar como a segurança e a prosperidade europeias dependem da estabilidade nos Balcãs e como esta por sua vez depende da paz interna e externa na A. R. J. da Macedónia.

Não é demais recordar, mesmo com o risco de alguma repetição, que os Estados vizinhos daquele país – Grécia, Sérvia, Albânia e Bulgária – ali conhecidos por os quatro lobos, parecem ter acabado por aceitar, embora com relutância, a conveniência de um Estado-tampão entre eles; contanto que os seus núcleos populacionais habitantes nele não se envolvam em conflitos. No caso contrário de conflito sério entre estes grupos que conduza à dissolução do Estado-tampão ou ao seu desmembramento, será difícil evitar uma guerra regional generalizada.

Por sua vez a estabilidade nos Balcãs é necessária à segurança e prosperidade europeias.[32] No caso de guerra generalizada naquela região que tendesse a fazer cair a zona crucial das rotas norte-sul – AXIOS e oeste-leste – ZETRA, sob o domínio, ou eslavo ou muçulmano, abrir-se-ão para a Europa ocidental novos perigos estratégicos e económicos.

Escusado é completar o quadro delineado, mencionando que a segurança e prosperidade pacífica da Europa continuam a ser indispensáveis ao desenvolvimento dos projectos de poderio e de privilégios das potências dominantes da N.A.T.O. e da Comunidade de Estados Independentes que se têm mostrado fortemente empenhadas na estabilidade Balcânica e na paz macedónica.

É no centro deste mapa de tensões internacionais que ganham relevo os conflitos entre a maioria por enquanto eslava e a minoria por enquanto albanesa da A.R.J. Macedónia e que as intervenções internacionais naquele país assumem uma importância desproporcionada com o seu tamanho e recursos; especialmente a intervenção da O.S.C.E..

---

[32] Sob o ponto de vista da segurança não é fácil ignorar que o Sudeste europeu forma, bem como a Península Ibérica e o Cáucaso, uma das três zonas confinantes entre a Europa convertida à paz depois de várias hecatombes, e o Mundo Islâmico menos organizado e mais propício a fanatismos violentos. Sob o ponto de vista da prosperidade, não é fácil ignorar que o sudeste europeu é um potencial mercado de cerca de 57 milhões produtores e consumidores. Os dois pontos de vista completam-se na medida em que a União Europeia siga o caminho de reforçar a sua segurança promovendo a prosperidade nas zonas confinantes com o Mundo Islâmico.

A importância especial da intervenção desta organização na Macedónia resulta desde logo do facto de ela ser a única em que estão presentes e em pé de igualdade, o Estado em questão, os quatro Estados rivalizantes que o cercam, os Estados da União Europeia e as Potências nunca satisfeitas que dominam a N.A.T.O. e a Comunidade de Estados Independentes.

18. A Missão "Spill Over"

A principal das missões da O.S.C.E. na A.R.J. Macedónia, foi estabelecida em Skopje em Setembro de 1992, por decisão do Conselho Superior daquela organização, sob a designação de "Spillover Monitor Mission". A missão incluiu desde logo delegações nas áreas conflituais de Kumanovo e de Tetovo. A decisão foi precedida de uma iniciativa de George Bush (pai), correspondendo a um prévio convite do então Presidente da A.R.J. Macedónia, o antigo "apparatchik" e então membro do governo da Federação Jugoslava, Kiro Gligorov e marcou o crescente protagonismo dos E.U.A. na questão balcânica que a União Europeia não perecia capaz de resolver por si.

O fito assumido da Missão consistia em evitar que as guerras civis que grassavam na Bósnia e no Kosovo alastrassem à A.R.J. Macedónia, controlando os movimentos através das fronteiras e em outras áreas deste país. Tinha também como finalidades suplementares desencorajar tensões servo–albaneses então crescentes no vizinho Kosovo e proporcionar apoio a uma missão da O.N.U. anteriormente colocada na A.R.J. Macedónia a U.N.P.R.E.D.E.P., por meio da obtenção à distância e da remissão a esta, das informações que fosse colhendo acerca do Kosovo, tanto mais que esta missão da O.N.U. poderia constituir um instrumento ideal para preparar o lançamento de tropas da N.A.T.O. com mandato da O.N.U. sobre aquela província.

A Organização para a Segurança e a Cooperação na Europa 95

O fito anunciado devia ser atingido pelo desempenho de certas actividades enumeradas no mandato daquela missão:

— Diálogo com as autoridades governativas do país,
— Contactos com representantes dos partidos políticos locais, com outras organizações e com os cidadãos,
— Deslocações para apreciar o nível de estabilidade e as possibilidades de conflitos e agitações,
— Outras acções compatíveis com os propósitos da O.S.C.E. assumidos pela missão, consoante já definidos,
— Manter prestígio no país,
— Em caso de incidentes, apurar os factos.

Dentro deste mandato tinham particular relevo as funções de "monitorização" ou controle e as de "mediação" que incidiam principalmente sobre as tensões e incidentes inter-étnicos, o regresso dos refugiados Kosovares ao Kosovo, a segurança das fronteiras e a ajuda à estabilidade político-económica.

Os relatórios elaborados pela Missão da O.S.C.E. cumpriram de maneira satisfatória a função de alerta precoce, na medida em que conseguiram identificar os possíveis focos de conflito num estádio inicial e providenciaram um conjunto apreciável de informações sobre quais os eventuais factores de destabilisação em jogo. Porém não foi possível evitar alguns dos enfrentamentos.

Os protestos, greves de fome e manifestações de massas efectuados pela minoria Albanesa em Tetovo, onde aliás é maioritária, em torno da polémica sobre o uso oficial do seu idioma na Universidade local, vieram ensombrar os acontecimentos e dificultar as actividades da O.S.C.E.. Mas o agravamento simultâneo dos confrontos armados no Kosovo confinante, se por um lado causou um afluxo de refugiados e de agitação à Macedónia, por outro lado proporcionou à Missão "Spill Over" em Skopje um suporte adicional que consistiu na colaboração que lhe passou a ser dispensada por outra missão da

O.S.C.E. chegada a Pristina, sob a designação de "Kosovo Verification Mission" para controlar a situação naquela capital, e preparar a "extracção" dos observadores ali colocados em caso de conflito local, como veio a suceder.

Em todo o caso, se a Missão "Spill Over" não conseguiu evitar a eclosão de alguns conflitos inter-étnicos localizados, conseguiu conter os incidentes de fronteira entre a Sérvia (Kosovo) e a Macedónia e durante um período difícil 1992-93 em que a fronteira ainda não estava delimitada. Conseguiu também, em colaboração com o Alto Comissário para as Minorias Nacionais reduzir as tensões étnicas avivadas pela questão da oficialização do idioma albanês no começo de 1995 e no começo de 1996.

Em 22 de Março de 2001, o Conselho Permanente da O.S.C.E. perante os relatórios da Missão "Spill Over" indicadores de agravamento da violência de grupos Albaneses extremistas perto da fronteira norte da A.R.J. da Macedónia, resolveu aumentar os efectivos da missão com mais oito funcionários internacionais, encarregados de participar na tarefa de acompanhar os acontecimentos na zona fronteiriça e de relatar a este respeito. O número dos elementos da missão foi ainda aumentado com mais dez em Junho de 2001 e mais vinte e cinco a 6 de Setembro, encarregados de controlar:

— O tráfico ilícito de armas,
— O regresso dos refugiados e deslocados,
— O tráfico de pessoas
— A situação das minorias.

O número de elementos foi aumentado de novo em 28 de Setembro, por setenta e dois monitores de medidas criadoras de confiança, sessenta conselheiros de polícia, dezassete treinadores de polícia e dez agentes administrativos. Os conselheiros policiais foram encarregados de ajudar na reconstituição dos quadros da Polícia Nacional. Os treinadores, de colaborar na realização prática do projecto de Academia da Polícia.

A duração da Missão "Spill Over" foi prolongada sucessivamente, até 31 de Dezembro de 2002, por enquanto. O total dos seus elementos é actualmente de duzentos e dez. Os seus principais campos de acção são o controlo das fronteiras e das tensões inter-étnicas, o treino das forças de polícia nacional e a implementação do Acordo de Ohrid, especialmente do respectivo Anexo C, como será mencionado a seguir.

O anexo C do Acordo Quadro de Ohrid de 13 de Agosto de 2001 adjudicou à O.S.C.E. um mandato complementar dos anteriores, dotado de meios mais "robustos" como a capacidade de extracção de pessoal internacional sujeito a perigos, bem como de competências específicas em tipos de acção para os quais a organização estivesse melhor capacitada, tais como:

— A observação das eleições parlamentares de 27 – Janeiro – 2002. – n.º 2 –

— O acompanhamento da tarefa aceite pelo governo local de reorganizar as forças policiais de modo a que estas incluam quinhentos novos agentes de comunidades étnicas minoritárias, em números proporcionais às percentagens dessas comunidades na população do país, para prestarem serviço nas áreas onde suas comunidades se encontram radicadas, a partir de Julho de 2002; e de modo a que mais quinhentos agentes dessas comunidades sejam treinados até Julho de 2003. Este acompanhamento incide sobre a selecção de candidatos à polícia e o seu treino. – n.º 5.2 –

— Instrução das Forças de Polícia Nacional e cooperação técnica com elas sobre assuntos relativos a: direitos profissionais e direitos humanos; selecção e formação profissionais; elaboração de um código de conduta profissional; transferência de agentes entre diferentes comunidades étnicas; deslocação de monitores e de conselheiros de polícia internacionais em áreas sensíveis – N.º 5.3 –

— Desenvolvimento de relações inter-étnicas – N.º 6 –

O número de funcionários da O.S.C.E. que se ocupam da estabilização da situação política interna na Macedónia, seja por defesa contra o contágio de conflitos a partir de países vizinhos – sobretudo a partir do Kosovo –, seja por melhoria das relações inter-étnicas locais, é actualmente de duzentos e dez.

O respectivo orçamento de despesas para 2002, aprovado em Abril deste ano é de 21.073.800 Euros.

A Missão "Spill Over" cooperou na Macedónia com as actividades de algumas instituições permanentes da O.S.C.E., tais como o Ofício para implementação das Instituições Democráticas e dos Direitos Humanos – O.D.I.H.R. – e o Alto Comissário para as Minorias Nacionais – H.C.N.M. –, bem como com outras missões ali estabelecidas por iniciativa de diversas organizações internacionais.

Entre as actividades locais de Instituições Permanentes da O.S.C.E. com as quais a Missão "Spill Over" tem colaborado, merecem referência particular, as desenvolvidas pelo O.D.I.H.R..

Esta instituição analisou a legislação eleitoral da A.R.J. Macedónia e publicou os seus comentários sobre ela a fim de contribuir para a autenticidade da expressão da vontade popular. Contribuiu, pelo acompanhamento que proporcionou à afluência às urnas, para a regularidade das eleições parlamentares de 10 de Setembro de 2000. Colabora com o governo e com as autoridades locais para proporcionar às mulheres mais largo acesso à formação cultural e profissional, bem como melhor protecção legal e judicial. Dá orientações e presta auxílio para reforma dos serviços prisionais e para reforma da instrução e da actuação da polícia, de modo a reduzir o perigo de arbítrios. Tem insistido na necessidade do respeito pelo direito à liberdade religiosa e

A Organização para a Segurança e a Cooperação na Europa 99

prestado apoio à efectivação deste, denunciando os casos em que ele seja ofendido, etc. Em todas estas actividades tem o O.D.I.H.R. contando com a colaboração competente da Missão "Spill Over".

A Missão "Spill Over" tem colaborado também com missões estabelecidas na Macedónia por outras organizações internacionais. Entre estas devem ser referidas, no sector da segurança militar, a missão da O.N.U. conhecida por U.N.P.R.E.D.E.C. integrada por contigentes da N.A.T.O. com participação americana, já mencionada anteriormente; no sector do desenvolvimento económico as missões da união Europeia enviadas ao abrigo dos programas P.H.A.R.E. e E.C.H.O. destinadas aos países europeus ainda não membros da União; no plano humanitário, a missão da O.N.U. para melhoria da condição da infância, programada pela U.N.I.C.E.F., tanto da infância actual quanto a infância futura, atendendo aos programas desta organização para redução ou programação da natalidade. No mesmo plano humanitário é valiosa a actividade da CARITAS, organização não governamental à qual a missão "Spill Over" igualmente presta colaboração.

A O.S.C.E. tem enviado também outras missões à Macedónia, como por exemplo as Missões para assistência na fiscalização do cumprimento do embargo ao comércio de armas para a Sérvia que tinha sido imposto em Setembro de 1991. Esta missão chegou a Shopje em Outubro de 1992 sob direcção canadiana e começou a trabalhar em articulação quer com o governo local, quer com outras missões análogas chegadas a todos os países confinantes com a Sérvia ou com o Montenegro. A fiscalização foi mais trabalhosa na Macedónia em atenção à facilidade do acesso entre o Mar Egeu e Belgrado ao longo da tradicional via de comunicação AXIOS – VARDAR e não esquecendo as afinidades entre Macedónios e Sérvios, especialmente a velha "camaradagem" entre os respectivos chefes de

Estado de então, Slobodan Milosevic e Kiro Gligorov. Embora seja difícil apreciar o êxito daquela missão, parece certo que ela conseguiu terminar com o Tráfico de Armas que prosseguia às claras e dificultar o tráfico clandestino.

V. A PRESIDÊNCIA PORTUGUESA DA O.S.C.E.

19. O Conselho de Ministros dos Negócios Estrangeiros da O.S.C.E.

O Conselho de Ministros dos Negócios Estrangeiros dos Estados da O.S.C.E. foi criado pela Cimeira de Chefes desses Estados em Paris, em Novembro de 1990. O Conselho deveria reunir-se uma vez por ano, sob a presidência dum dos seus membros para isso eleito, a fim de proceder a consultas políticas sobre os problemas e perigos para a Segurança e a Cooperação na Europa.

As suas funções careciam de continuidade, razão pela qual a sua intervenção na apreciação das situações de perigo e na adopção de decisões se encontrava dependente frequentemente das reuniões trimestrais do Comité de Altos Funcionários e da actividade contínua do Centro para Prevenção de Conflitos então sediado em Praga e do Escritório para realização de eleições então sediado em Varsóvia.

A multiplicação e o agravamento dos conflitos decorrentes das implosões Soviética e Jugoslava tornou urgente proporcionar continuidade às actividades do Conselho de Ministros.

A Cimeira de Chefes de Estado em Helsínquia em Novembro de 1992 adoptou decisões que proporcionaram continuidade aos trabalhos do Conselho de Ministros, definindo melhor a sua posição.

A sua presidência, embora continue a ser anual passou a ser formada por uma "Troika" composta pelos presidentes cessante, actual e futuro. O presidente passou a ser coadjuvado durante todo o exercício por grupos directivos, especialmente a respeito de Prevenção de Conflitos, Gestão de Conflitos e Solução de Conflitos. Passou a dispor também de representantes pessoais para o tratamento de certos assuntos como por exemplo o das migrações.

As alterações indicadas fizeram do Conselho de Ministros o órgão consultivo e deliberativo mais importante da O.S.C.E., logo a seguir às Cimeiras dos Chefes de Estado.

20. O Presidente em Exercício do Conselho de Ministros

O cargo de Presidente em exercício do Conselho dos Ministros dos Negócios Estrangeiros dos Estados membros da O.S.C.E. foi criado também pela Cimeira dos Chefes de Estado em Helsínquia em Julho de 1992. O cargo é preenchido por um dos membros daquele Conselho pelo prazo de um ano. A designação é feita por eleição do Conselho.

As funções do Presidente em Exercício têm ganho um relevo cada vez maior. As suas tarefas principais podem ser resumidas da seguinte maneira:

A Presidência é o ponto de convergência de todas as consultas políticas. Compete-lhe harmonizar as diferenças de opinião, formar as orientações e criar consensos.

O Presidente em exercício e os seus representantes preparam as conferências da O.S.C.E., planeiam as suas ordens de trabalho e preparam os projectos de decisão. E é competente para acertar os calendários de trabalho e para definir programas de trabalho a longo prazo.

O Presidente ocupa-se da Prevenção e da Solução de Conflitos, fiscaliza o trabalho das Missões no terreno e das consultas a este respeito ao Alto Comissário para as Minorias Nacionais. Ele entra em comunicação directa com as partes em conflito e modera as consultas e as negociações entre elas. Emite comunicados informativos e dirige as notificações da O.S.C.E. às partes conflituantes.

Representa a O.S.C.E. perante terceiros, especialmente com vista à manutenção das relações entre a O.S.C.E. e os seus parceiros internacionais, como outras organizações e Estados não-membros.

Desempenha várias obrigações para coordenar os trabalhos de outros organismos da O.S.C.E.. Dirige-lhes as decisões tomadas pelo Conselho de Ministros, aconselha-as quanto ao alcance delas e pode tomar decisões pessoais.

Em face da importância das funções do Presidente em Exercício do Conselho de Ministros da O.S.C.E. deve concluir--se que a eleição do Ministro dos Negócios Estrangeiros de Portugal pelo Conselho de Ministros em Viena em 2000 para preencher aquele cargo em 2002 foi um triunfo da diplomacia portuguesa; Tanto mais quanto a O.S.C.E. é também conhecida entre todas as organizações europeias, como a jovem dama com que todos os Estados querem dançar.

21. Linhas de Orientação da Presidência Portuguesa

As linhas de orientação da Presidência Portuguesa que foram traçadas pela anterior reunião do Conselho de Ministros da O.S.C:E: em 2001 pelo método do consenso, são as seguintes:
— Acompanhar as medidas previstas no Plano de Acção de Bucareste de Dezembro de 2001 e no Programa de Acção de Bisqueque, que teve lugar após a Confe-

rência de Tashkent, contra o **terrorismo à escala global** com vista a uma ulterior elaboração duma Carta da O.S.C.E. contra o terrorismo. O combate a este fenómeno deverá basear-se no Modelo da Plataforma de Segurança Comum, envolvendo, entre outros, os países islâmicos moderados. Nesta linha o Chairman in Office nomeou já um Representante pessoal para a luta contra o terrorismo Jan Troejborgt (dinamarquês). As condições subjacentes à emergência deste tipo de fenómeno não poderão ser descuradas v. g. crime internacional organizado, tráficos ilegais (seres humanos, droga e armas), conflitos de cariz étnico e religioso, catástrofes naturais e escassez de recursos naturais com particular destaque para a míngua de recursos hídricos adequados e outras causas enraizadas em certas regiões que a prazo provocam desigualdades profundas, exclusão e marginalidade. O plano de acção prevê como medidas de intervenção a curto prazo a adesão de todos os Estados Participantes da O.S.C.E. às pertinentes Convenções Internacionais sobre o terrorismo, ao aumento de troca de informação e "intelligence", às actividades da polícia com destaque para a sua formação e treino e no domínio do controlo das fronteiras, A longo prazo e enquadrado no conceito de acção preventiva o Plano de acção dará particular atenção ao reforço do primado do Estado de Direito, aos problemas atinentes aos refugiados, direitos humanos, questões económicas sensíveis, direitos humanos e promoção do multiculturalismo e tolerância, além do reforço do controlo de armamentos, designadamente das armas ligeiras – S.A.L.W.. Nesta linha o F.S.C. apresentará um "road map" e o seu Presidente – o Representante Permanente da República Checa –

anunciou já que este documento irá priveligiar a implementação dos instumentos político-militares e princípios contidos no documento sobre as S.A.L.W.. Hoje há a consciência que a questão económica assume um papel de relevo maior na eclosão deste tipo de terrorismo (*"O terrorismo floresce verdadeiramente nas áreas de pobreza, desespero e faltas de esperança, onde as pessoas não vislumbram qualquer futuro"* – Colin Powell, Secretário de Estado dos E.U.A. a 2 de Fevereiro de 2002)[33]

---

[33] A luta contra o terrorismo tem sido conduzida até agora muito mais por meios repressivos do que por meios preventivos, como documentam numerosas convenções internacionais para repressão do terrorismo. Mas não se pode esquecer que o terrorismo é um fenómeno provocado por causas definidas.

A O.S.C.E., sendo uma organização preventiva não pode ocupar-se do terrorismo internacional senão na medida em que possa contribuir para identificar e desfazer as causas que o produzem.

Entre essas causas situam-se as carências económicas dos povos, principalmente quando contrastantes com as opulências de outros e relacionáveis com estas num sistema de exploração. Situam-se também alguns extremismos ideológicos que levam à convicção da superioridade de alguns povos sobre outros, de modo a cohonestar os abusos daqueles sobre estes. Se as causas do primeiro tipo se podem chamar económicas, as do segundo poderão chamar-se culturais.

Os governos nacionais e as organizações internacionais que eles constróem, quando deslocam as suas atenções da repressão do terrorismo para a sua prevenção têm dado mais atenção às causas económicas que às culturais. No entanto não parece que as segundas sejam menos importantes que as primeiras.

As causas económicas são quantificáveis, em termos de rendimento nacional bruto, rendimento *"per capita"*, etc. e portanto redutíveis quanto mais não seja em atenção aos interesses dos povos mais ricos em preservar a sua segurança.

Mas as causas culturais continuam a actuar desmedidamente para além das primeiras, porque radicam profundamente no modo como os governos e os povos se contemplam e se avaliam a si próprios e no plano das suas relações com os outros. E quando um indivíduo, um povo ou um governo bebeu uma ideologia que o convenceu de que é superior aos outros, a tendência para o abuso e a opressão à custa destes, persiste e manifesta-se sempre que não haja necessidade de a reprimir por conveniência ocasional.

Houve desde sempre ideologias que deram cobertura ao sentimento de alguns povos ou grupos da sua superioridade e lhes alimentaram tendências para

106 — A Questão da Macedónia

— Consagrar e detalhar o conceito já referido de **Plataforma de Segurança Colectiva** que foi lançado na Conferência de Lisboa de 1996 e aprovado na Cimeira de Istambul de 1999, o qual visa uma cooperação flexível entre todas as organizações que integram a arqui-

---

assumir posições dominantes sobre outros. A alegada superioridade tem invocado por vezes crenças religiosas – o povo eleito por Deus – outras vezes argumentos étnicos "a raça superior", outras também raciocínios evolucionistas "os mais aptos" – outras ainda demonstrações sociológicas – a classe proletária – etc. Enquanto houver povos e governantes que bebem dessas ideologias, os seus comportamentos despertarão as reacções nos outros que tomarão tarde ou cedo formas violentas entre as quais se pode contar o terrorismo.

Não se deve esquecer por exemplo que na origem dos surtos do terrorismo islâmico contra o predomínio norte americano nos países árabes, parecem actuar também causas culturais como algumas versões ou desenvolvimentos extremistas do Islamismo e do Puritanismo.

Não se pode esperar que organizações internacionais em cujos poderes de decisão intervém privilegiadamente governos inspirados por ideologias de superioridade, venham a contribuir para atenuar as causas culturais do terrorismo. Mas as organizações encarregadas especificamente de cooperação cultural como é também o caso da O.S.C.E. estão em condições de tentar atenuar as causas ideológicas do terrorismo.

A O.S.C.E. se quiser insistir no cumprimento de alguns dos compromissos assumidos desde o Acto de Helsínquia, poderia desenvolver uma diplomacia preventiva para que os governos dos Estados membros influam junto das instâncias ideológicas, religiosas ou laicas, situadas no âmbito das suas jurisdições internas, no sentido de evitar que estas – ressalvadas sempre as respectivas liberdades de consciência – se exaltem a extremos capazes de favorecer práticas provocadoras de reacções violentas.

Entre as disposições do Acto Final de Helsínquia que poderiam basear aquela diplomacia preventiva, contam-se: Primeira parte, princípio IV, § 2.º, conjugado com a terceira parte número 3.

Além de tudo, diga-se em abono da verdade que o "Terrorismo de Estado" patente nos bombardeamentos aéreos e extermínio pela fome de populações civis, não causa menos vítimas que as modalidades de terrorismo mais salientadas e justamente condenadas até hoje. O problema está em que as organizações inter--Estaduais, não estão nas melhores condições de independência de opinião, para se ocuparem dele. Nem mesmo a O.S.C.E., pelo menos por enquanto.

tectura de segurança europeia (O.N.U./N.A.T.O./ /E.U./U.E.O./C.E./O.S.C.E.). Promover sinergias entre estas organizações, reforçando as modalidades do diálogo, concertação e complementaridade, assegurando que cada uma delas se possa dedicar às tarefas onde a sua experiência acumulada apresenta um valor acrescentado. A projectada abertura de um escritório da O.S.C.E. em Bruxelas não deixaria de contribuir para o reforço da cooperação da O.S.C.E. com a União Europeia e com a N.A.T.O..

— Reforçar o **diálogo político** e a **articulação das diversas instituições** da O.S.C.E. entre si e com os Estados participantes, numa intenção de transparência, confiança mútua, solidariedade e complementaridade, mantendo embora a sua característica flexibilidade.

— **Tornar a O.S.C.E. mais conhecida** por meio da Imprensa aos olhos do público em geral, tarefa que requer maior cooperação da Presidência em Exercício com a Assembleia Parlamentar.

— Actualizar a interpretação e estabelecer um novo equilíbrio das três dimensões da O.S.C.E. de modo a privilegiar a **Dimensão Humana**. Entende-se por esta o conjunto dos preceitos que asseguram a todos os seres humanos a possibilidade de viverem em sociedades de tipo democrático, em cujos órgãos políticos eles estejam presentes ou representados, ao abrigo do respeito pelas leis competentemente aprovadas.

— Cuidar da **Dimensão Económica e Ambiental**, centrando-a nos problemas que possam ameaçar a segurança, tais como a distribuição dos recursos hídricos e fluviais.

— Contribuir para a definição de estruturas jurídicas úteis ao estabelecimento da **economia de mercado**, em cooperação com a U.E. e com a O.C.D.E..

— Aprofundar as funções do Fórum de Segurança e Cooperação (F.S.C.) e das **Medidas geradoras de confiança**, em entendimento com o Conselho Permanente da O.S.C.E..

— Aprofundar o diálogo político com a **Rússia** cada vez mais desiludida com a O.S.C.E., especialmente a partir dos bombardeamentos da N.A.T.O. sobre a R.F.J. em 1999 – sobre os quais não terá sido consultada – e do encerramento de duas missões da O.S.C.E. **na Letónia e na Estónia** que contam com fortes minorias russas. É verosímil que Moscovo procure articular este diálogo com as conversações decorrentes sobre outros assuntos ou "tabuleiros" tais como o das relações da Rússia com a N.A.T.O. e do alargamento de esta aliança a leste.

— Fomentar a cooperação noutras áreas geográficas com os **países mediterrâneos e asiáticos**,

— Alargar a cooperação com a sociedade civil, nomeadamente com as **O.N.G.'S** ao nível dos direitos humanos e na vertente ambiental e ecológica. Aprofundar neste seguimento a cooperação académica e científica.

22. Directivas Específicas

As linhas gerais da actuação foram completadas por directivas específicas que são, a respeito dos Balcãs – área em que a acção da presidência portuguesa se tem concentrado:

— Reforma e treino das forças de polícia multi-étnica;

— Supervisão das eleições;

— Cooperação regional a respeito do regresso de refugiados e pessoas deslocadas;

— Reforma do sistema judicial;

A *Presidência Portuguesa da O.S.C.E.* 109

— Reestruturação da propriedade:
— Luta contra os tráficos;
— Protecção dos direitos humanos e dos direitos das minorias;
— Assuntos económicos e ambientais;
— Favorecimento da convivência inter-étnica e instalação das bases de uma sociedade civil viável;
— Ajuda à consolidação da sociedade civil, mediante a realização de cursos e seminários esclarecedores:
— Coordenação das O.N.G.'s (relevantes nas questões atinentes sobre direitos humanos e ao ambiente) e das organizações juvenis;
— Criação de escolas multi-étnicas;
— Investimentos nas pequenas e médias empresas – PME's ao serviço das minorias;
— Sessões de esclarecimento através da Rádio e das distribuições de prospectos e panfletos:
— Formação profissional;
— Debates sobre certos temas, como a da **"posição da mulher na sociedade"**, que assume particular importância, dada a diferença entre os estatutos na cultura eslava ortodoxa, na cultura católica e na cultura albanesa – muçulmana..
— Promoção do debate parlamentar segundo normas e critérios de transparência (v.g. filmagem TV dos debates na Assembleia da República);
— Reforço dos sistemas de funcionamento dos partidos da oposição, designadamente através da incrementação das relações destes com o governo;
— Promoção da liberdade dos *"media"*;
— Fiscalização das fronteiras;
— Enraizamento do Estado de Direito *("rule of law")* e da capacidade efectiva de fazer cumprir a lei;

— Favorecimento da democracia (esta tarefa implica, mais detalhadamente, a promoção do diálogo, no terreno, entre uma grande variedade de grupos, muitas vezes altamente polarizados como os representantes do governo, dirigentes das Igrejas, partidos da oposição, empresários e homens de negócios assim como o relacionamento entre os académicos, líderes políticos, e outras personagens influentes na construção da democracia *("public opinion makers", "think thanks")*;

— Envolvimento das mulheres e dos jovens na *"res publica"*;

— Elaboração de códigos de conduta;

— Definição de regras eleitorais;

— Métodos de actuação dos partidos políticos;

— Favorecimento do conceito de *"ownership"* que implica a devolução ou reencaminhamento das tarefas atrás citadas para as autoridades locais, numa fase posterior, quando estas já possuírem a capacidade e maturidade suficientes para as implementar; de modo a evitar a propagação de uma "cultura de dependência" que torne estas regiões e países demasiado carentes do auxílio da Comunidade Internacional.

Para além disso a Presidência em Exercício tentará reformular os mandatos das Missões de forma a incluir neles o **relançamento económico auto sustentado** na medida em que as estruturas locais permitem, assim como a reconstrução duma sociedade civil consistente. Isto porque se tem verificado que depois de resolvidas militarmente as crises nesta zonas, logo que se calam as bombas e os tiros, elas deixam de ser notícia e a opinião pública desinteressa-se, induzindo os restantes países da C.I. a relegá-las para segundo plano e a deixar os países em questão numa situação de depauperação económica e social que é muito prejudicial à consolidação da paz.

Neste âmbito cabe ainda referir, mesmo sob o risco de repetição, que a Presidência portuguesa não poderá perder de vista aqueles países e zonas que constituem actualmente os principais focos potenciadores de conflito, como por exemplo:

— A A.R.J. da Macedónia, onde deverá acompanhar de perto a aplicação do Acordo Quadro de Ohrid, especialmente do seu anexo C;

— O Kosovo, onde terá de vigiar a constituição e o *"modus operandi"* das autoridades do governo provisório;

— O quadro constitucional da nova entidade da República da Sérvia e do Montenegro que veio substituir a Jugoslávia e impor uma moratória de 3 anos para a convocação de um referendo sobre a independência do Montenegro;

— A realização, finda a moratória, do referendo previsto sob a independência **do Montenegro** e seu eventual **"efeito dominó"** na entidade da "República Srpska", no Kosovo, na Macedónia e no Sul da Sérvia;

— O despique entre o Presidente Kostunica e o Primeiro Ministro Dzindzic dentro da R.F.J.;

— A radicalização da atitude dos extremistas albaneses no Sul da Sérvia;

— A racionalização e simplificação *"streamlining"* da presença internacional na Bósnia-Herzegovina onde este ano se realizarão as primeiras eleições organizadas pelas autoridades locais, assim como a harmonização da legislação e a transferência de responsabilidades governativas para as próprias autoridades bósnias;

— A consolidação do regime democrático na Croácia, bem como a redução da Missão da O.S.C.E. em Zagreb;

— O acompanhamento da situação na Albânia onde se assistiu em 1996 a um verdadeiro colapso das instituições estaduais (os populares invadiram os quartéis e apoderaram-se de cerca de 600.000 armas que não foram recuperadas) utilizando para o efeito os serviços do grupo dos "Amigos da Albânia"/ *"Friends of Albania"* (FoA), criado sob a égide conjunta da O.S.C.E. e da U.E.; etc.

23. Início da Presidência Portuguesa

A presidência portuguesa da O.S.C.E., no prosseguimento das linhas de orientação e das directrizes específicas que lhe foram delineadas na reunião de Viena em 2000, tem mantido no topo das prioridades de estudo e de acção, a questão balcânica e no âmbito desta especialmente a questão macedónica, desde o seu início em Janeiro de 2002.

Em relação estreita com a última questão referida tem-se ocupado também das questões no Kosovo e na nova República da Sérvia e do Montenegro.

Tem-se esforçado por contribuir para o andamento dos processos em curso de pacificação, estabilização e democratização dos Estados de toda aquela zona. Neste contexto foram prosseguidas várias missões da O.S.C.E. já iniciadas.

Entre as missões proseguidas continua a avultar pela sua importância a Missão de Longa Duração em Skopje criada em 1992 por iniciativa americana, no tempo de Bush (pai), sob a designação de "Spill Over" já referida anteriormente.

Está actualmente em estudo a possibilidade de adopção de "medidas criadoras de confiança – C.B.M." – entre as partes ex--conflituantes, complementares daquelas que já constam do actual mandato da Missão que é chefiada agora pelo Diplomata Canadiano Graig Jeness, acessorado pelo Embaixador Português Carvalho de Faria. Entre as medidas em estudo contam-se as tendentes:

A Presidência Portuguesa da O.S.C.E. 113

— À restauração da autoridade das instituições estaduais nas "zonas sensíveis" do território, de modo a assegurar o bom funcionamento das administração e da prestação de serviços públicos ás populações;
— À efectivação de um programa de governação acompanhado da divulgação de informações através dos meios de comunicação social;
— À efectivação dos direitos incluídos na chamada "dimensão humana";
— Às relações inter-étnicas;
— À aceitação do idioma albanês nos estabelecimentos de educação – Universidade de Tetovo;
— À efectivação de um plano de segurança que envolve a participação activa das comunidades locais na prevenção contra actividades terroristas *"community policing"*.

Porém não é possível olvidar que tem continuado a ser muito relativo o sucesso da Missão em Skopje nos seus esforços para evitar a eclosão de conflitos, devido provavelmente à ausência de certos requisitos tidos por essenciais ao desempenho das Missões. Não se verificava naquele região, nem a adopção prévia de uma "agenda" política isenta de nacionalismos étnicos; nem a extinção das ambições dos países vizinhos; nem a ausência de experiências históricas traumáticas; antes pelo contrário. Acresciam vários factores de destabilização como: a falta de forças de segurança locais dignas de crédito, motivada por o exército Jusgoslavo, ao retirar-se da Macedónia, ter levado consigo todo o armamento disponível; o alargamento da instabilidade crónica resultante da imposição de embargos contra o comércio pelo porto de Salónica; o facto de a Macedónia ser um "país em transição" sobrecarregado de problemas como a insuficiência de leis protectoras da economia de mercado, o nepotismo e a corrupção generalizadas, o crime organizado, os tráficos ilegais de todo o tipo, etc.

Outras missões internacionais nos Balcãs prosseguidas durante a Presidência Portuguesa mas nas quais Portugal já participava desde o fim do ano anterior – as quais por vezes ultrapassam os meios de acção da O.S.C.E. sem no entanto deixarem de estar articuladas com esta – são a *"Task Force Fox"* ligada à N.A.T.O., composta de 2 grupos cada um dos quais com três militares e um intérprete destinados a assegurar a ligação entre os Monitores Internacionais e o Quartel General da mesma missão; tudo no quadro da operação *"Amber Fox"* já mencionada anteriormente.

Portugal comprometeu-se também, no quadro do Pacto de Estabilidade (P.E.) na luta contra o tráfico de seres humanos naquele país. No mesmo quadro, comprometeu-se também em dois projectos da A.R.J. da Macedónia: um projecto de cooperação transfronteiriça em Blasce – empreitada para construção de uma estrada –; e um projecto na área ambiental denominado M.E.A.P. *"Macedonian Environamental Action Plan"*. Porém estes projectos ainda não arrancaram e há sinais de desmobilização das empresas devida à polémica gerada em torno do tema do urânio empobrecido e das consequentes dificuldades da contratação de trabalhadores.

Em Dezembro de 2001 o Embaixador António Carvalho de Faria foi nomeado *"liaison officer/special adviser"* do Chefe de Missão da O.S.C.E. em Skopje, Craig Jeness, já na antecipação da Presidência Portuguesa — da O.S.C:E. em 2002.

Assinale-se mais uma vez que a primeira visita do Ministro dos Negócios Estrangeiros Português durante a Presidência Portuguesa foi precisamente a Skopje aos 17 de janeiro de 2002. No decurso da visita o M.N.E. afirmou que **"a Macedónia é o principal caso onde é necessária a presença constante da Comunidade Internacional"**, tendo acrescentado **"o desafio imediato é a consolidação da paz na Macedónia através da Implementação do Acordo Qua-**

dro" de Ohrid, e que neste contexto a O.S.C.E. tem uma função primordial apontada acima de tudo ao estabelecimento da confiança recíproca entre os distintos grupos étnicos e religiosos que compõem a população da A.R.J. da Macedónia.

VI. DESENVOLVIMENTO POSSÍVEIS

O desfecho da questão que é vivida actualmente na A.R.J. da Macedónia é impossível de prever, porquanto ela é animada e perturbada por um dinamismo irracional que desactualiza num ritmo quase diário qualquer abordagem da situação prevalecente em dado momento.

No entanto, depois de exposta a situação actual e o jogo de forças que actuam sobre ela, é chegada a altura de arriscar algumas sequências possíveis. Estas tanto poderão seguir no mesmo sentido das intervenções internacionais que é o do respeito pela integridade territorial das repúblicas em que se "rebalcanizou" a Federação Jugoslava; como contrariá-lo no sentido de uma revisão de fronteiras, fazendo prolongar a crise e agravar os perigos para a segurança na Europa. Serão indicadas primeiro as possíveis sequências no sentido da revisão de fronteiras, para passar depois à possibilidade de consolidação da integridade territorial.

As sequências que ainda não estão de todo afastadas no sentido de revisões de fronteiras, são em alternativa: a expansão da Albânia; e (ou) a expansão da Bulgária; sempre à custa da A.R.J. da Macedónia.

24. Separatismo Pro-Albanês

A expansão tendencial da Albânia acalentada pelos albaneses que habitam os países vizinhos desta, ou seja, o Montenegro, o Sul da Sérvia, o Kosovo, a A.R.J. da Macedónia e a Grécia, indiciada actualmente pelo alastramento das rebeldias albanesas por vários destes países, foi estimulada reflexamente pela intervenção bélica dos países da NATO contra a Sérvia.

Esta intervenção que começou pelo Kosovo após o fracasso em Rambouillet das propostas do grupo dos oito países mais industrializados – G. 8 – e que foi desencadeado sob pressão exercida pelos E.U.A. (muito embora se não evidenciasse então algum interesse vital imediato destes)[34] não deixou de parecer precipitada e exagerada. Ela teve entre outros efeitos, o efeito adicional perverso, porque destabilizador e perigoso, de reavivar os velhos desejos de separatismo das populações albanesas muçulmanas localizadas não apenas no Kosovo, mas também no Sul da Sérvia e no Oeste da Macedónia, consoante já foi mencionado.

Os elementos mais radicais daquelas populações reclamam com a concordância discreta da actual Albânia, a formação de uma Grande Albânia homogénea nacional. A sua futura capital tanto poderia ficar situada em Tirana na Albânia, como em Pristina no Kosovo ou em Skopje na Macedónia[35].

---

[34] Os bombardeamentos norte-americanos sobre a Sérvia até à aceitação por esta do plano de paz do G.8, corrigido entretanto pela resolução 1244 do C.S. da N.U. parecem ter tido por objectivo imediato, cortar quaisquer veleidades Sérvias à hegemonia no espaço da ex-Federação Jugoslava, após a fragmentação desta em 1991, Sob outro ponto de vista terão tido também o objectivo de prestar serviço a Ankara, parceiro estratégico importantíssimo no âmbito da NATO, por meio da separação dos Albaneses Kosovares Muçulmanos, em relação à Sérvia, e do consequente enfraquecimento desta última que tem sido a principal potência balcânica inimiga da Turquia.

[35] A actual Albânia, apesar das solidariedades étnicas, religiosas e linguísticas com os Albaneses do Kosovo, Sul da Sérvia, oeste da Macedónia e norte da Grécia, não deixa de temer uma eventual aproximação que poderia traduzir-se na transferência do centro do poder político de Tirana na Albânia para Pristina no Kosovo. De facto os Albaneses Kosovares sempre mostraram maior poder económico, melhor elite intelectual e mais ampla capacidade de intervenção e de liderança política.

Desenvolvimento Possíveis

Os elementos mais moderados contentar-se-iam por enquanto, ao que parece, com a emergência de dois ou três pequenos Estados albaneses os quais depois se entenderiam fraternalmente.

Em contraste com as ambições Albanesas de inclusão do Kosovo numa Grande Albânia encontra-se a irredutibilidade da Jugoslávia em manter aquela província, como foi referido anteriormente. Esta irredutibilidade, porém, assim como a solução política local próxima, designadamente a dissolução do actual governo provisório do Kosovo prevista para fins de 2004, pode dar lugar, por um lado à subida das reivindicações kosovares de independência, por outro lado à exigência jugoslava de partilha daquele país.

Esta exigência, que esteve presente desde sempre na mente dos líderes Sérvios, incidirá sobre o Norte do Kosovo, onde a população é Sérvia, onde se encontram alguns dos mais importantes mosteiros ortodoxos e onde jazem riquezas mineiras.

As perseguições exercidas pelos Kosovares Albaneses contra a população Sérvia remanescente no Kosovo, de modo a fazê-la abandonar o país, têm o objectivo de tirar fundamento àquela possível exigência futura. Por outro lado, as recentes concentrações de tropas Sérvias perto da fronteira com o Kosovo parecem mostrar que a Jugoslávia, caso não conseguir manter a sua irredutibilidade em manter aquele país como província sua, não abandonará a sua exigência de uma partilha que respeite a sua soberania sobre o território ainda habitado por população sérvia.

É perante este perigo de uma exigência Jugoslava de retenção da sua soberania, sobre pelo menos a zona Sérvia do Kosovo, que o Embaixador Norte-Americano na O.N.U., Richard Hoolbroke advertiu recentemente o Presidente Jugoslavo, Kostunica contra a partilha da cidade, Kosovska Mitrovica, que tem sido palco de confrontos violentos entre Kosovares e Sérvios.

Hoolbroke sublinhou a este respeito que o governo Sérvio está a jogar ali uma cartada muito perigosa e relembrou amavelmente que os Sérvios *"já perderam quatro guerras nos últimos oito anos"*.

Num caso ou noutro, porém, sempre seria necessário impor novas fronteiras às repúblicas balcânicas, com inevitáveis efeitos destabilizadores muito difíceis de controlar. A menos que o controlo internacional sobre a graduação daquelas tendências crescesse altamente em forças e eficácia, para além daquelas de que a O.S.C.E. pode dispor, registar-se-ia a eclosão de uma "segunda geração" de conflitos nos Balcãs com potencial para se estenderam às populações albanesas muçulmanas do Montenegro, Grécia,. Bulgária e Sérvia.

25. **Separatismo Pró Búlgaro**

A minoria étnica búlgara que habita a região sul-este da A.R.J. da Macedónia e se sente inferiorizada em comparação com a maioria eslava, não se tem mostrado insensível à possibilidade de entendimento político com a Bulgária. Este modo político de sentir pode intensificar-se se as reivindicações daquela minoria à melhoria de uma condição na A.R.J.M. não foram satisfeitas a seu contento.

Concomitantemente as ambições da Bulgária à extensão para oeste à custa da Macedónia, tantas vezes evidenciadas conforme consta do anterior relance histórico, podem redobrar de intensidade e causar novos conflitos. Nas palavras de Claude Magris na sua obra Danúbio, *"A Bulgária sempre reivindicou política e étnicamente a Macedónia, conforme demonstram sangrentas páginas de história e apaixonantes páginas de literatura"*.

Actualmente a extensão tendencial da Bulgária poderá ganhar nova actualidade, sobretudo no caso de vir a confirmar-

Desenvolvimento Possíveis 121

-se a atracção de alguns sectores do importante partido Macedónico – V.M.R.O. – D.P.M.N.E. – pela reunificação parcial com aquele país. Este partido que se considera o herdeiro do movimento de libertação nacional do século XIX – V.M.R.O. – que uniu Macedónios e Búlgaros contra o Império Otomano, está em condições de exercer pressão quando quiser no sentido de uma divisão da actual Macedónia entre uma parte Muçulmana que se uniria aos Albaneses dos países confinantes, Kosovo, Sul da Sérvia e Albânia – e outra parte ortodoxa que se uniria à Bulgária. Seria a repetição da orientação tomada no século XIX pelo movimento V.M.R.O., referido no relance histórico, do qual o novo partido se considera herdeiro, e que só foi vencida por força da primeira grande intervenção internacional na Macedónia em 1907.

Não parece portanto descabido colocar uma interrogação mesmo que a título hipotético: não haverá, além dos separatistas Albaneses, outros separatistas eslavos e pró-búlgaros, receosos do progressivo aumento demográfico daqueles, cujo intento se encontra desde já em maturação, no sentido de colaborar com aqueles na partilha da Macedónia, mas delineada segundo projecto do V.M.R.O., e de proporcionar seguidamente uma união com a Bulgária? – que não deixaria de voltar a agradar à Rússia.

Esta eventualidade não parece ter sido tomada em consideração atenta, até agora, pelas instâncias internacionais, E no entanto representa um perigo para a paz na região, que bem mereceria precauções.

26. **Consolidação do "Status Quo"**

É porém no sentido da consolidação da integridade territorial dos Estados balcânicos, incluindo a A.R.J. da Macedónia que tem prosseguido a intervenção internacional a cargo da O.S.C.E. e da União Europeia.

O Acordo concluído recentemente entre a U.E. representada por J. Solana e os Presidentes da Sérvia, Kostunica, e do Montenegro, Djukanovic, em Belgrado aos 13-3-02, abriu uma via para redução das tensões entre directamente a Sérvia e o Montenegro que pode concorrer também para a estabilização e a segurança na Macedónia.

Aquele acordo, também conhecido por "Plano Solana" reconhece um novo Estado, a "República da Sérvia e do Montenegro" como sucessor da ex-Federação Jugoslava que teria "desaparecido do mapa". O novo estado tem um período de vida de pelos menos três anos. Ultrapassada esta infância, qualquer dos seus dois países constitutivos poderá convocar um referendo popular, para decidir se continuará unido ao outro, no quadro da recente República, ou se preferirá uma vida nacional independente.

Nesta último caso a decisão 1244 da ONU que considerou o Kosovo parte integrante da ex-Federação Jugoslava, continua a valer, no entendimento de que o Kosovo será parte integrante da Sérvia; de modo a não precipitar as reivindicações separatistas dos albaneses do Kosovo já contagiadas perigosamente aos albaneses dos países vizinhos.

Transitoriamente ficarão em aberto as questões atinentes ao controle político e civil do Conselho Superior de Defesa da ex-Federação Jugoslava e aos mecanismos de salvaguarda da participação Montenegrina no Parlamento (discriminação positiva). Por outro lado, as modalidades de cooperação destes países com o Tribunal criminal "ad hoc" na Haia serão definidas separadamente.

Entretanto haverá um só Chefe de Estado, um só voto na ONU e em outras organizações como a O.S.C.E. e, provavelmente, um só 11 de futebol.

Estão já em curso os trabalhos para uma nova Constituição Política. As novas eleições estão previstas para Setembro próximo. Espera-se que a harmonização económica e fiscal entre os 2 países se verifique à medida que avançam os processos de adesão à U.E.. As partes contratantes comprometeram-se a criar um mercado interno comum no âmbito de uma política aduaneira e comercial conjunta; ao contrário das exigências Montenegrinas iniciais, de economia, moeda e alfândega independentes.

A União Europeia comprometeu-se por seu lado a apoiar a efectivação dos planos aceites pela Sérvia e pelo Montenegro, com vista ao ingresso no Processo de Estabilização e Associação – S.A.P. – que constitui o primeiro degrau de aproximação para o acesso à União Europeia.

Em face das reticências feitas por muitos Montenegrinos quanto aos termos de Acordo de Belgrado, afigura-se urgente que a comunidade internacional conceda através dos seus vários meios de influência, um apoio inequívoco ao Montenegro, por forma a contribuir para que a estabilização interna naquele país progrida paralelamente ao ingresso deste no – S.A..P. – com vista ao acesso à União Europeia.

Não se pode olvidar que foi a expectativa de aproximação aos processos de integração europeus que levou o governo Montenegrino a aceitar o "Plano Solana". Caso a U.E. não faça a breve trecho algum gesto bem visível neste sentido, todos os esforços para a estabilização e a segurança poderão ficar frustrados.

Seria igualmente desejável que este Acordo permitisse ao Presidente Djukanovic um espaço de tempo razoavelmente dilatado para que lhe seja possível consolidar a sua posição interna ou pelo menos para encontrar uma saída airosa, de modo a não perder a face, mantendo-se como um actor político de relevo, atendendo a que tem mostrado capacidade política, pragmatismo e contenção numa situação difícil de gerir.[36]

---

[36] Os adversários políticos de Djukanovic desataram a acusá-lo recentemente de nepotismo, corrupção e desvio de fundos.

No final da aprovação do Acordo de Belgrado o mediador Javier Solana comentou com ironia que nos Balcãs **só se começa a negociar verdadeiramente depois de os Acordos terem sido assinados,** o que só ilustra que o Alto Representante da União Europeia para a P.E.S.D. já assimilou bem a mentalidade e os hábitos negociais da região.

A respeito da conveniência de impedir uma independência súbita do Montenegro e das suas repercussões nos países vizinhos, designadamente o Kosovo e a Macedónia, o Conselheiro para os assuntos externos do Presidente Jugoslavo, P. Simic, afirmou recentemente "a Jugoslávia precisa do Montenegro por causa do Kosovo". Significa esta afirmação que uma independência brusca do Montenegro tornaria muito difícil a Belgrado obstar a que o Kosovo enveredasse pela mesma via precipitadamente a bem ou a mal. Tal precipitação não deixaria de se repercutir funestamente na segurança da A.R,J, da Macedónia.

No que toca especialmente à Macedónia a pressão internacional no sentido da estabilização interna e da consolidação de integridade territorial dispõe de vários incentivos e recursos entre os quais:

— A perspectiva de ingresso daquele Estado no Plano de Estabilização e Acesso às Comunidades Europeias – S.A.P.;

— O encaminhamento regrado de fundos financeiros para ajudar o governo da Macedónia nos seus esforços de estabilização interna, recorrendo a Conferências de Doadores, ao Banco Europeu de Reconstrução e Desenvolvimento, ao Fundo Monetário Internacional do Banco Mundial, à Agência Europeia de Reconstrução, ao programa C.A.R.D.S. de fundos extraordinários da União Europeia; em conjugação com Missões no Terreno da O.S.C.E. destinadas à "Reabilitação Post-Conflito".

— O alargamento das cooperação entre a Macedónia e aquelas recentes projecções da Aliança Atlântica que são o Conselho de Cooperação do Atlântico Norte – N.A.C.C. – e a Parceria para a Paz – P.F.P. –.

— A "vexatio questio" da designação oficial da nova república.[37]

Merece ser sublinhado aqui que a aproximação da A.R.J. da Macedónia às organizações europeias e euro-atlânticas, tem constituído a principal prioridade do governo de Skopje desde a declaração de independência em 1991 até à eclosão dos conflitos armados em 2001.

A possível correspondência daquelas organizações aos desejos do governo de Skopje para acesso a elas, mesmo que esse acesso tenha que ser gradual, poderá reforçar a estabilidade interna daquele governo e portanto concorrer para a pacificação e a segurança dentro do país.

Por outro lado a Comunidade Internacional deve deixar bem claro que não permitirá uma "Grande Albânia" ou quaisquer formas de separatismo violento e que está decidida a assegurar a integridade territorial e a soberania da Macedónia e da R.F.J. e a fazer cumprir cabalmente a resolução 1244 das Nações Unidas para o Kosovo cuja aplicação ficou ressalvada pelo Acordo de Belgrado de 13-II-2002.

Para tanto haverá que isolar os extremistas albaneses e reforçar o controlo das fronteiras, especialmente nas zonas fronteiriças que delineiam um **"quarto crescente"** abrangendo a Albânia, Kosovo, Vale do Presevo e noroeste da Macedónia. No caso do Kosovo a Comunidade Internacional terá ainda de saber exigir dos albaneses Kosovares que mostrem o comedimento e a maturidade suficientes para encontrarem um "modus

---

[37] Ver Introdução, pág. 3 a 5.

vivendi" com os Sérvios, que lhes permita governarem em conjunto duma maneira respeitadora e estável durante o período transitório de 3 anos previsto.

Outro elemento favorável à consolidação do "status quo" interno na A.R.J. da Macedónia parece resultar da atitude da principal potência regional que continua a ser a Turquia. O primeiro Embaixador estrangeiro a assumir funções em Skopje foi o Turco em 1993. Logo em Maio desse ano a Turquia assinou um protocolo em Ohrid, não só com a Macedónia, mas também com os Estados envolventes desta, Albânia e Bulgária, e ainda com a Itália, para construção de um caminho de ferro entre Istambul, Sofia, Skopje e o porto albanês de Durrés; uma verdadeira "Via Egnatia" de ferro. E em Setembro seguinte celebrou um acordo de cooperação militar com a Macedónia que estabelece o compromisso Turco de ajuda à modernização do exército macedónico e anuncia garantia conjunta da integridade territorial desta antiga província do Império Otomano. É provável que a atitude política turca se faça sentir sobre as políticas albanesa e búlgara no sentido de as levar a reconhecer as vantagens da estabilidade da A.R.J.M.. Por outro lado a renovação da influência turca nos Balcãs do sul, não deixa de avivar os antagonismos grego e sérvio e possivelmente mais tarde, o Russo. A sua contribuição para a estabilidade interna na Macedónia, se não for bem medida, pode resultar em perigo para a estabilidade regional.

Uma A.R.J.M. estável que não represente perigo para nenhum dos seus vizinhos mas que a todos proporcione as comunicações de que carecem parece destinada, desde que dilua os seus atritos internos, a servir de ponte entre o Mar Negro e o Mar Adriático e num futuro próximo entre o Centro da Europa e o Mar Egeu.

VII. RESUMO

Sintetizando aquilo que foi exposto, pode dizer-se que as principais ameaças à paz na Macedónia, residem não tanto nos seus problemas endógenos, quanto nos problemas exógenos que se têm repercutido sobre ela.

Os problemas endógenos tais como a diversidade entre os grupos populacionais constitutivos da população, a competitividade entre eles e a insatisfação dos grupos minoritários acerca da falta de respeito pelas respectivas identidades grupais, as afinidades entre esses grupos e as populações de Estado vizinhos sucessivamente dominantes, as dificuldades em desenvolver a economia, apesar da sua gravidade, não parecem ameaçar só por si a paz interna da A.R.J. da Macedónia. Isto em atenção a um **facto** e a um **processo**. Consiste o **facto** em que a maioria da população daquele país está convencida de que forma senão uma nação, pelo menos uma identidade colectiva. Mau grado as suas diversidades, os eslavos não se identificam na sua generalidade com a Sérvia ou com a Bulgária, nem os Albaneses com a Albânia. O **processo** tem sido a intervenção da O.S.C.E. através das respectivas missões e dos seus organismos permanentes – O.D.I.H.R. – H.C.M.N. –, bem como de outras organizações internacionais, a favor da redução dos conflitos entre os diversos grupos étnicos, do respeito pelas respectivas unidades grupais, da participação equitativa nos governos locais e central, bem como nas forças policiais, no auxilio ao desenvolvimento económico colectivo, no caminho para associação futura à União

Europeia, etc. O processo continua em curso através sobretudo da implementação do Tratado de Ohrid e dos seus anexos.

Os problemas exógenos é que podem repercutir-se desastrosamente na paz interna da A.R.J. da Macedónia, caso não forem resolvidos prudentemente. Entre estes problemas figuram, no plano regional a incerteza acerca da capacidade das autoridades da nova entidade estadual que sucedeu à F.R.J., a República da Sérvia e do Montenegro, para saberem aplicar o Acordo Belgrado de 14-III-2002 que aprovou uma moratória de 3 anos para a preparação de um referendo que qualquer das partes – Sérvia e Montenegro – poderá convocar acerca da sua independência em relação à outra.

Figura também a incerteza acerca da maturidade das autoridades do Kosovo, para estruturarem um governo provisório que terá também o prazo dos mesmos 3 anos, findo os quais está prevista uma redefinição da sua autonomia frente a Belgrado, a qual os Kosovares tenderão provavelmente a transformar em independência "de jure" ou pelo menos "de facto". Neste último caso será difícil medir as repercussões sobre a minoria Kosovar da vizinha Macedónia.

Recordo-me a este propósito, das repetidas vezes em que P. Simic, então Presidente do Instituto das Relações Estratégicas Internacionais de Belgrado me referiu, entre 1990 e 1994 (período em que residi naquela capital, numa altura em que nada deixava prever o alastramento das guerras Jugoslavas à Macedónia) o perigo duma tomada de poder, a prazo, dos albaneses da Macedónia, devido à sua alta taxa de natalidade. Simic referia com frequência que em todos os encontros e conversações que mantivera com os líderes albaneses da Macedónia, estes lhe haviam deixado sempre a mesma mensagem: "É melhor para vocês (Jugoslavos) darem-nos uma parte da Macedónia e ficarem com a outra; senão daqui a alguns anos nós constituiremos a maioria e tomaremos as rédeas do poder".

Resumo 129

No entanto, se a situação em Belgrado se mantiver relativamente estável e o "braço de ferro" entre o P.R. e o P.M. se descontrair e se os Montenegrinos souberem atravessar as suas dificuldades internas atinentes à disputa pelo poder entre várias personalidades e partidos ou coligações de partidos – espera-se que estas fricções sejam atenuadas pela aproximação à U.E. – então Skopje terá possibilidades de ultrapassar as dificuldades em que se encontra, de manter a integridade territorial da A.R.J. da Macedónia e de preparar o ingresso desta nas organizações europeias e Euro-Atlânticas.

A respeito de todos os desenvolvimentos que foram esboçados, seja para evitar alguns seja para facilitar outros, o sucesso da intervenção internacional na A.R.J.M. bem como nos países que a cercam, só será possível se esta intervenção continuar a ser exercida com base na "Plataforma de Segurança Colectiva" em que participam todas as organizações já indicadas em entendimento com a O.S.C.E.

Esta última organização continua a ser, apesar das suas deficiências em meios repressivos – ou talvez por isso mesmo – a melhor vocacionada para promover confiança, estabilidade, segurança e cooperação na área balcânica.

VIII. CONSIDERAÇÕES FINAIS

Tomando como referência a questão da Macedónia, parece oportuno reflectir sobre qual será a organização internacional mais apta a servir a paz e a segurança internacionais europeias no século XXI em face de novos tipos de conflitos emergentes de situações análogas à daquele país, após as implosões das antigas U.R.S.S. e Federação Jugoslava.

Competirá à O.S.C.E. assumir funções de maior relevo na neutralização dos novos perigos para a paz e na edificação das instituições de segurança colectiva durante as próximas décadas?

Para reflectir a este respeito é necessário ter presente que a implosão da U.R.S.S. para a qual a O.S.C.E. contribuiu, se bem que tenha afastado o perigo de uma Terceira Guerra Mundial, não evitou, ao contrário do optimismo que a Carta de Paris de 1989 arvorou, o surto de muitos outros conflitos e perigos, dos quais a crise na Macedónia é um mero exemplo, aliás dos menos sangrentos.

Consoante salientou a Cimeira de Helsínquia em Julho de 1992; *"Estamos perante a guerra na região da O.S.C.E., pela primeira vez depois de várias décadas. Novos conflitos armados e uso maciço de força continuam na ordem do dia, para efeitos de alcançar hegemonia e expansão territorial. As perdas em vidas humanas e em sofrimento, ligadas a multidões enormes de refugiados atingiram as piores dimensões desde a segunda guerra mundial. Os prejuízos na nossa herança cultural e as destruições de bens são assustadores."*

A idoneidade da O.S.C.E., quando comparada com outras organizações internacionais, para enfrentar os novos desafios à segurança e à estabilidade europeias, só poderá ser apreciada em função do tipo de desafios de que se trata.

Conforme sublinhou a Cimeira de Budapeste em Dezembro de 1994;

"Os direitos humanos e as liberdades fundamentais continuam a ser espezinhados. A intolerância continua e as minorias continuam a ser alvos de discriminação. O nacionalismo agressivo, o racismo, o chauvinismo, o ódio aos estrangeiros, o anti-semitismo, as tensões étnicas continuam a predominar em grande medida. Tudo isto forma as causas principais que, agravadas pela instabilidade social e política, produzem as crises, a morte e o sofrimento. Isto mostra nitidamente que não foi possível fazer respeitar as regras e os compromissos estabelecidos pela O.S.C.E."

É diante deste quadro sinistro que importa comparar as aptidões da O.S.C.E. com as de outras organizações europeias menos abrangentes destinadas também à segurança e à cooperação, designadamente a N.A.T.O., a U.E. e a C.E.I.. A comparação não poderá deixar de ser breve, para não parecer desmedida.

27. A N.A.T.O., suas Metamorfoses e Prolongamentos

Esta organização foi formada no início da "Guerra Fria" em 1949, ao abrigo do artigo 51 do capítulo VII da Carta das Nações Unidas, para efeitos de legítima defesa colectiva contra eventuais agressões armadas ao território de qualquer dos Estados Membros, conforme dispõem os artigos 5 e 6 do Tratado do Atlântico Norte. Nasceu portanto como uma organização de segurança militar dos respectivos membros e não a favor da segurança militar ou política de todo o continente europeu.

Considerações Finais

A implosão soviética e a dissolução do Pacto de Varsóvia tiraram à N.A.T.O. a principal razão inicial da sua existência. É certo que esta organização não deixou de exercer atracção sobre alguns Estados do centro e do leste da Europa receosos dos seus vizinhos; no entanto, o desaparecimento da ameaça global contra o ocidente parece que deveria tender à sua dissolução. Não é isso porém o que tem sucedido.

Sob orientação da super-potência dominante da N.A.T.O., os E.U.A., que através dela mantêm o seu predomínio na Europa, a Aliança Atlântica iniciou uma metamorfose que lhe permitisse sobreviver. Consistiu essa metamorfose em passar gradualmente de simples organização de legítima defesa colectiva de certos Estados, ao abrigo do capítulo VII da Carta das Nações Unidas, como já foi dito, para uma Organização Regional ao abrigo do capítulo VIII, capacitada para acções coercivas que ultrapassem a legítima defesa, contanto que incumbida para tanto pelo Conselho de Segurança das Nações Unidas.

As principais fases da metamorfose foram assinaladas pela adopção pelo Conselho do Atlântico de um "Novo Conceito Estratégico" em Roma, logo em 1991; pela "Agenda para a Paz" e pelo Suplemento à Agenda para a Paz elaboradas em 1992 e 1995 pelo então Secretário Geral das Nações Unidas, Boutros Galli, que as apresentou aliás sem poder, nem intenção vinculativa; e finalmente pelos Acordos de Dayton em 1995 entre os representantes da Jugoslávia, Croácia e Bósnia, nos termos dos quais as partes concordantes pediram a colocação na Bósnia de uma força militar internacional sob prévia incumbência do Conselho de Segurança das Nações Unidas, a qual veio a ser integrada por contingentes da N.A.T.O..[38]

---

[38] Embaixador António Magalhães Colaço. A O.N.U. e a N.A.T.O. na Manutenção da Paz e da Segurança Internacionais. A Crise Balcânica.

Esta metamorfose, porém, embora já espectacular, não satisfez todas as aspirações dos E.U.A., como veio a verificar-se em 1999, quando o governo norte-americano resolveu exigir de Belgrado, através de um "Grupo de Contacto", em Rambouillet, à sombra do alegado "massacre de Raçak" já referido no capítulo III, pág 32, não só que cessasse a expulsão dos albaneses do Kosovo para a Albânia, mas também que aceitasse o posicionamento de forças da N.A.T.O. no Kosovo e na Sérvia e ainda a convocação de um referendo sobre a independência do Kosovo. A recusa de Belgrado em satisfazer exigências incompatíveis com a soberania nacional, não tornaria legítima qualquer intervenção da N.A.T.O. que não fosse aprovada prèviamente pelo Conselho de Segurança das Nações Unidas. Este porém nem sequer foi convocado para tomar qualquer decisão. Não obstante, os E.U.A. e alguns dos seus aliados da N.AT.O. desencadearam bombardeamentos aéreos maciços sobre o Kosovo, Sérvia e Montenegro, numa operação que baptizaram de "Allied Force" que durou 78 dias consecutivos, até à capitulação de Belgrado, numa flagrante violação do Direito Internacional. Os ataques aéreos à Jugoslávia além de terem violado o Direito Internacional, violaram também o Direito Constitucional de vários Estados membros, por estes terem colaborado neles sem prévia consulta dos respectivos parlamentos. Ilustraram também a feição unilateralista do intervencionismo bélico propugnado à data pela administração Clinton e pelo Pentágono (que hoje se afigura, pelo menos de momento, ultrapassada pela coesão gerada na comunidade internacional em reacção aos atentados terroristas contra o Pentágono e as torres do "World Trade Center" em 11 de Setembro de 2001).

A partir de 24-III-99, a N.A.T.O. exibiu portanto nova metamorfose. Passou a apresentar-se não apenas como organização regional competente para intervir militarmente na região europeia sob autorização do Conselho de Segurança das

Nações Unidas, mas também como organização "sui-generis" que se arroga a capacidade para bombardeamentos onde e quando quiser, sem autorização prévia do Conselho de Segurança; no desenvolvimento daquilo a que Noam Chomsky chamou "The New Military Humanism".

Note-se, a propósito de humanismo, que os triunfais "raids" norte-americanos sob invocação da N.A.T.O., causaram além de danos colaterais na população civil, sofridos quer imediatamente em resultado das explosões, quer posteriormente por efeito do uso de munições com "urânio empobrecido", um enorme problema de refugiados nocivo para os fugitivos e para a estabilidade dos Estados vizinhos.

Estas e outras metamorfoses e façanhas da Aliança Atlântica criaram-lhe um problema de imagem à escala universal que lhe dificulta qualquer tentativa de intervenção, mesmo que pacífica e bem intencionada, a favor da segurança europeia, quer exercida directamente, quer através das suas descendentes que são o Conselho de Cooperação do Atlântico e a Parceria para a Paz. Os mestres na guerra não podem ser mestres na paz. Ser-lhe-á portanto muito difícil substituir-se à O.S.C.E. nas tarefas de prevenção de conflitos, gestão conciliadora de conflitos e reabilitação sustentada post-conflito, que são essenciais para enfrentar os novos tipos de problemas da actualidade, como os da Macedónia.

Além disso nem a Rússia nem outros Estados euro-asiáticos estranhos à N.A.T.O., aceitariam um predomínio da Aliança Atlântica na solução das crises na Euro-Ásia.

28. A União Europeia e a sua Evolução

A União Europeia nasceu como organização económica, não obstante a intenção inicial e actual de assumir relevo político e também defensivo; e continua a sê-lo, apesar de alguns passos no sentido de assumir aquele relevo. Esses passos então assinalados por exemplo no Acto Único Europeu. – Título III, no Tratado de Maastricht – Título V e no Tratado de Amsterdão – Título V.

Graças a estes tratados a União Europeia aprovou o prosseguimento de uma Política Externa e de Segurança Comum – P.E.S.C. –, a qual poderá dar lugar, após aprovação do Conselho Europeu, a uma política de Defesa Comum. No entanto, ficaram ressalvados os compromissos já assumidos em matéria de defesa, por aqueles Estados que já eram membros da prévia organização de defesa colectiva, a N.A.T.O..

A Política Externa e de Segurança Comum tem como vias de efectivação a antiga União Europeia Ocidental e a recente Identidade Europeia de Segurança e Defesa. Sucede porém que a União Europeia Ocidental nunca chegou a ganhar consistência e autonomia que pudesse servir de base a uma política externa e de defesa europeias. Sucede também que a Identidade Europeia de Segurança e Defesa tem sido mantida sob a égide da N.A.T.O..

As iniciativas Franco-Alemãs para fundar uma política externa de defesa da União Europeia, concretizadas na criação de um contingente militar europeu, despoletaram reacções americanas, exercidas no seio da União Europeia pela Inglaterra. As divergências transparecem no Tratado de Maastricht que caracteriza a União Europeia Ocidental simultaneamente, como componente da política de defesa da União Europeia e como pilar europeu da Aliança Atlântica. Continua por esclarecer se as eventuais acções militares da União Europeia Ocidental carecem de prévia concordância do Conselho do Atlântico, designadamente dos E.U.A..

É certo que as reuniões do Conselho Europeu em Colónia e em Bruxelas, em 1999, envidaram esforços no sentido da criação de uma "Força de Reacção Rápida" europeia capaz de actuar para prevenir ou para remediar conflitos regionais, à margem da N.A.T.O.. Porém os E.U.A., ou directamente, ou através da N.A.T.O., têm-se mostrado adversos ao desenvolvimento daquela "Força".

Por outro lado a União Europeia continua a registar graves dissenções entre os seus membros a respeito da política externa comum. Contam-se entre as mais evidentes o "imbróglio" surgido aquando do reconhecimento das independências da Eslovénia e sobretudo da Croácia, o último dos quais foi precipitado pelo voluntarismo alemão, sem dar tempo para precaver a situação crítica das tradicionais minorias sérias naquele país. Contam-se também as tergiversações da política europeia quanto ao reconhecimento da independência da Macedónia, perante a oposição grega à oficialização do nome do novo Estado.

Podem invocar-se igualmente, como provas das dificuldades de uma política externa europeia comum, a fricções provocadas durante a Presidência Portuguesa da União Europeia em 2002, quando foi decidida a aplicação de sanções diplomáticas à Áustria, por o governo desta ter integrado então o Partido Liberal de matriz xenófoba e anti-europeia, de Jorg Haider. Também se ponderou a aplicação de sanções congéneres à Itália, um dos membros fundadores das comunidades europeias, quando Berlusconi formou governo integrando a Liga Norte; mas a ideia foi posta de lado. Observe-se no entanto a este último respeito que o Ministro dos Negócios Estrangeiros Italiano, Renato Ruggiero, um europeista, se demitiu depois disso, por oposição, alegadamente, a concessões feitas por Berlusconi à ala eurocéptica do seu governo. Essas concessões já tem suscitado críticas por parte de Berlim onde o Ministro dos Negócios Estrangeiros, C. Zippel comentou *que "depois das experiências de certas dificuldades com a Áustria, todos os Estados da União Europeia podiam aprender algo."*.

Este tipo de dissenções em política externa reapareceu recentemente quando o Primeiro Ministro Inglês, Tony Blair, resolveu convidar para um jantar oficial, em Novembro de 2001, tão somente os seus homólogos Francês e Alemão a fim de debaterem o problema da intervenção no Afeganistão, na sequência do ataque terrorista de 11 de Setembro. A dimensão restrita do convite logo reacendeu os debates entre os membros da União Europeia acerca da criação de directórios à custa da marginalização dos Estados mais pequenos.

Resumindo, não se afigura possível, hoje em dia, alcançar uma concertação das políticas externas e de segurança dos Estados membros da União Europeia que permita a esta projectar com eficácia uma política externa, de segurança e de defesa comum.

A União Europeia continua a ser fundamentalmente uma organização económica e financeira. Mesmo que venha a ganhar uma projecção de política externa e de segurança não militar (pois a segurança militar continua entregue à N.A.T.O.), essa segurança será a favor dos membros privilegiados da União Europeia e não a favor do Continente Europeu.

29. A Comunidade de Estados Independentes

Esta organização foi fundada já depois da implosão soviética, na capital do Kasaquistão, Alma-Ata, em Dezembro de 1991, entre todos os territórios e repúblicas da Ex-U.R.S.S., com excepção dos três estados Bálticos. Sem prejuízo do reconhecimento da soberania dos Estados participantes, a Comunidade de Estados Independentes destinava-se principalmente a controlar de modo unitário a prevenção, o destino e o eventual uso de armas nucleares.

À margem do Tratado fundador, foram assinadas inúmeras convenções entre os participantes daquele sobre assuntos de segurança militar. A concordância dos Estados participantes com a Rússia deveu-se em grande parte à dependência económica daqueles em relação a esta. Moscovo tem procurado entretanto secundar a sua posição económica dominante, por um predomínio político sobre os Estados que considera incluídos no seu "estrangeiro próximo".

A Rússia tem assumido a função de garante principal da segurança e da estabilidade naquela zona com base na qual as suas tropas têm permanecido nas antigas repúblicas da U.R.S.S., especialmente nos territórios onde há perigos de rebelião.

Além de tudo Moscovo esforça-se por conseguir o reconhecimento internacional da C.E.I. como organização regional no âmbito do Capítulo VIII da Carta das Nações Unidas, dotada de estatuto próprio, embora dentro do quadro da O.S.C.E..

A respeito desta nova organização pode dizer-se que ela, se conseguir alcançar a maturidade desejada, não seria no melhor dos casos senão uma réplica da N.A.T.O., vocacionada mais para aspectos militaresda segurança, que para os seus aspectos políticos, culturais e económicos, que são os mais importantes para a segurança e estabilidade do Continente Europeu. Além disso, e também à semelhança da N.A.T.O.e da União Europeia, a segurança que pretende é em benefício dos Estados membros e não de toda a Europa.

30. A O.S.C.E.

Em contraste com as organizações europeias referidas anteriormente e não obstante as dilatações e as transformações por que estas têm passado, a O.S.C.E. apresenta-se, tendo em consideração as suas características salientadas no capítulo IV deste estudo, como a organização melhor vocacionada para fazer face aos problemas da segurança e cooperação internacionais europeias depois da reconciliação les-oeste e das implosões soviética e jugoslava.

A sua extensão territorial e a abrangência da variedade dos assuntos cujo tratamento é indispensável para prevenir perigos de conflito e remediar os conflitos abertos com o menor dano possível, fazem da O.S.C.E. a sede melhor situada para o lançamento das pontes de compreensão e de confiança entre os países da Europa Ocidental, do sudeste e do leste.

Uma das vantagens mais salientes da O.S.C.E. reside na convergência que tem estabelecido entre as regras de comportamento internacional que os Estados seus membros aceitaram, apesar de algumas escandalosas violações daquelas, as medidas práticas criadoras de confiança entre eles, e o favorecimento da cooperação económica, cultural e humanitária. No âmbito desta última se situa a chamada "Dimensão Humana" confiada ao O.D.I.R.H. referido no capítulo IV deste estudo que tem contribuído para a consciencialização, acentuação e protecção dos "Direitos Humanos", civis e políticos, limitativos dos arbítrios dos governos e do recurso à violência interna e internacional.

A sua experiência de intervenção pacífica e a flexibilidade de que tem dado provas no tratamento de situações perigosas para a paz, em ambientes políticos regionais altamente voláteis, como o do sudeste europeu, constituem "mais valias" que seria desastroso ignorar na coordenação das actividades das outras organizações europeias no século XXI.

No entanto continuam a sentir-se resistências contra o reconhecimento oficial da personalidade jurídica internacional da O.S.C.E., contra a substituição do método de decisões por consenso, pelo método de maioria qualificada e contra o indispensável aumento das dotações orçamentais que lhe permitam

Considerações Finais 141

desempenhar eficazmente as suas missões. Porquê essas resistências? A resposta depende entre outras de duas espécies de motivos.

Em primeiro lugar, tornou-se menos necessário um sistema de segurança e cooperação geral que abranja igualmente todo o continente europeu. Em segundo lugar alguns interesses das grandes potências voltaram a ser melhor servidos por perturbações localizadas fora delas de que pela estabilidade geral.

Voltando a atenção para o primeiro motivo, recorde-se que entre 1949 e 1990 a segurança da Europa era unitária, na acepção de que, na vigência do precário sistema de equilíbrio bipolar durante essa época, qualquer perturbação local da ordem poderia ser explorada imediatamente por uma ou outra das super-potências em confronto a fim de desfazer o equilíbrio em seu favor; o que intensificaria o perigo de uma Terceira Guerra Mundial. Não mais assim depois de 1990, na acepção de que o desaparecimento daquele perigo retirou às possíveis perturbações locais o impacto que anteriormente teriam tido no equilíbrio de forças e portanto na segurança geral. A segurança na Europa deixou de ser unitária e passou a estar dividida entre áreas geográficas e grupos de Estado, como os da Europa ocidental, da Comunidade de Estados Independentes e os do centro-leste e do sudeste europeus. Foi nestas circunstâncias que as organizações de defesa e de segurança regional se sobrepuseram à organização pan-europeia geral que é a O.S.C.E..

Voltando a atenção para o segundo motivo, parece que algumas das potências mais empenhadas em evitar perturbações políticas na Europa até 1990, enquanto subsistia o perigo de nova guerra mundial, deixaram de mostrar o mesmo empenho em as evitar, desde que aquele perigo desapareceu. Afigura-se mesmo que às suas intervenções nelas, ou directas ou através de organizações internacionais em que detêm predomínio, – o que não é o caso da O.S.C.E. – não terá sido alheio o propósito de alargar ou recuperar as suas influências sobre os países em crise, sem com isso correrem grandes riscos.

É natural que um ou outro daqueles motivos concorra para explicar o relativo desinteresse de algumas potências no aproveitamento e no reforço da O.S.C.E..

Não faltaram entretanto manifestações ocasionais de interesse dos membros da O.S.C.E. a favor da sua actualização e alteração depois de 1990.

Os E.U.A. manifestaram-se a favor de a O.S.C.E. actuar por exemplo no sentido da implementação nos países de leste dos direito humanos, eleições livres, economia de mercado e controle das forças armadas pelo poder civil, logo na reunião de Ministros de Negócios Estrangeiros em Washington em 1989 que precedeu a Carta de Paris para uma nova Europa.

A Rússia elaborou um programa para o melhoramento da eficácia da O.S.C.E. no verão de 1994 de que constavam o seu reconhecimento como Organização Regional que deveria presidir à coordenação das actividades de todas as outras organizações parciais de segurança e de cooperação na Europa e dispor de um Conselho Executivo composto por dez membros, alguns dos quais permanentes, competente para impor decisões por unanimidade.

A Alemanha propôs no Conselho Ministerial em Roma em 1993 uma conjugação das intervenções da O.S.C.E. para controle das crises de segurança, com os mecanismos de decisão do Conselho de Segurança das Nações Unidas.

No entanto os E.U.A. continuam a vincar e a alargar a N.A.T.O. "out of area" e a Rússia a reforçar uma Comunidade de Estados Independentes capacitados para impor segurança militar, conforme os seus interesses económicos e políticos, dentro da área da antiga U.R.S.S., incontroláveis pela O.S.C.E. e que não consentem a esta última que desenvolva as actividades necessárias à segurança e cooperação em todo o continente europeu.

Cada uma das potências prefere uma segurança militar parcial que a beneficie, a uma segurança geral unitária no velho continente que pode até contrariar algumas das suas ambições.

Nestas circunstâncias o desempenho pleno pela O.S.C.E. das suas largas potencialidades favoráveis à segurança e à cooperação europeias só poderá ser perspectivado a longo prazo.

É necessário antes de mais a pacificação dos Balcãs em termos que respeitem tanto quanto possível as identidades dos povos e das minorias locais, bem como a praticabilidade dos eixos norte-sul e oeste-leste que se cruzam na Macedónia. É necessário também que a Rússia e os países da C.E.I. beneficiem de regimes políticos respeitados e participados pelas suas populações, mais ou menos centralizados, sem rigidez, consoante a homogeneidade ou a heterogeneidade destas.

Poder-se-ía supôr que então desapareceriam os motivos que tornam necessário o desenvolvimento da O.S.C.E.. A história mostra no entanto que nunca houve uma situação de paz internacional definitiva. Será sempre necessário, não só alcançá-la, mas mantê-la. Para essa tarefa indispensável nenhuma potência ou organização está melhor vocacionada de que a O.S.C.E..

Note-se que a adopção de regimes políticos internos respeitadores de direitos humanos, de tipo democrático, com independência do poder judicial – hoje aliás fortemente cerceada em numerosas democracias – e eventualmente abertos à economia de mercado internacional – se esse for o desejo do povo – se bem que favorável à paz no âmbito interno de cada Estado e também limitativa dos caprichos belicosos de alguns governantes, às vezes, no plano internacional, está longe de garantir a paz e a segurança internacionais. Os conflitos de interesses entre Estados, motivados por antagonismos demográficos, estratégicos, económicos e ideológicos, pouco têm a ver com as organizações políticas e administrativas de cada um deles. As rivalidades surdas ou sonoras entre a Bielorrússia e a Polónia, a Polónia e a Alemanha, a Alemanha e a República Checa, a Eslováquia e a Hungria, a Hungria e a Sérvia, a Grécia e a Turquia, a Áustria e a Itália, a Inglaterra e a Irlanda, a França e a Córsega, a França e Espanha e o país Basco, a Espanha e a Catalunha, etc, não deixarão facilmente de se manifestar por mais democrático que seja o regime. É sem dúvida muito bom que as manifestações dessas rivalidades sejam submetidas ao controle da vontade popular. Mas nada pode garantir qual será a orientação que esta prefira: tanto poderá apaziguá-las, como inflamá--las, consoante as condições locais de pressão e temperatura altamente dependentes das forças que manejam os "Mass Media".

Isto basta para mostrar que a atenuação das rivalidades latentes na Europa não pode ser conseguida por organizações parcelares de segurança e defesa armada como a N.A.T.O. e a U.E.O. que privilegiam os interesses dos seus Estados membros na sua integridade territorial e supremacia militar, nem pela U.E. "O clube dos ricos" que as privilegia no seu bem-estar económico, nem pela C.E.I. ao serviço da reconstituição de uma super-potência. Apenas uma organização pan-europeia que realce valores humanos limitativos dos conflitos quer internos quer internacionais, como os que constam do Acto Final de Helsínquia, sem privilégios das potências mais poderosas ou mais ricas, poderá contribuir eficazmente, se lhe derem meios, para uma era de segurança e de cooperação gerais na Europa.

Algumas das condições mais urgentes para que o progresso da O.S.C.E. seja possível são:

— O reconhecimento explícito da sua personalidade internacional;

— A maturação dos compromissos que constam do Acto Final de Helsínquia, em regras de direito vinculantes; do seu direito verde em direito maduro;

— A substituição do método de consenso na tomada de decisões pelo método menos paralisante da maioria qualificada – pelo menos naqueles casos cuja gravidade e urgência, indiscutíveis de boa fé, exija resposta rápida.

GLOSSÁRIO

AGONU	—	Assembleia Geral da ONU
AQ	—	Acordo Quadro ou Acordo de Ohrid para a Macedónia//ARJM
ARJM	—	Antiga Repúblida Jugoslávia da Macedónia
BERD	—	Banco Europeu de Reconstrução e Desenvolvimento
BiH	—	Bósnia Herzegovina
CAG	—	Conselho de Assuntos Gerais (EU)
CBMs	—	Confidence Building Measures
CSBM	—	Confidence and Security Building Measures
CdE	—	Conselho da Europa
CEI	—	Comunidade de Estados Independentes – Criada por iniciativa Russa depois da desintegração da União Soviética –
CFE	—	Conventional Forces in Europe
CI	—	Comunidade Internacional
CiO	—	Chairman in Office/Presidente em Exercício (OSCE)
CP	—	Conselho Permanente (OSCE)
CPC	—	Crisis Prevention Center (OSCE)
CSNU	—	Conselho de Segurança da ONU
DIP	—	Direito Internacional Público
EAAG's	—	Grupos Armados de Etnia Albanesa
EKLA	—	Exército de Libertação do Kosovo do Leste
FMI	—	Fundo Monetário Internacional
FSC	—	Forum de Segurança e Cooperação
FYROM	—	Former Yugoslav Republic of Macedonia
HCNM	—	High Commissioner for National Minorities
IOM	—	International Organization for Refugees
IPTF	—	International Police Task Force
JSF	—	Joint Security Forces
KVM	—	Kosovo Verification Mission

LDK	— Liga Democrática do Kosovo (moderados)
MNE	— Ministro dos Negócios Estrangeiros
MoU	— Memorandum of Understanding
MPFSEE	— Força Internacional de Paz do Sudeste Europeu
NLA	— National Liberation Army (Albaneses), também conhecido pelo acrónimo KLA e por UCK
ODHIR	— Office for Democracy and Human Rights (OSCE)
OI's	— Organizações Internacionais
ONG's	— Organizações não Governamentais
PC	— Permanent Council (OSCE)
PE	— Pacto de Estabilidade para o Sudeste Europeu
PESD	— Política Externa de Segurança e Defesa (no âmbito da EU)
PfP	— Parceria para a Paz (NATO)
PMBLA	— Exército de Libertação do Presevo Medjeva e Bujanovac (albaneses do Sul da Sérvia)
PP	— Presidência Portuguesa (OSCE)
REACT	— Rapid Expert Assistance and Cooperation Team (OSCE)
RFJ	— República Federativa Jugoslava
RFSJ	— República Federativa Socialista Jugoslava
SALW	— Small Arms and Light Weapons
SAM's	— Sanctions Aplication Missions
SDSM	— Aliança Social Democrática (partido de macedónios moderados da ARJM)
UCK	— Exército de Libertação do Kosovo
UNHCR	— United Nations High Comissioner for Refugees
UNMIK	— United Nations Mission in Kosovo
VRMO	— Organização Revolucionária Interna da Macedónia
WB	— World Bank

RESOLUTION 1244 (1999)
Adopted by the Security Council at its 4011th meeting, on 10 June 1999

The Security Council,

Bearing in mind the purposes and principles of the Charter of the United Nations, and the primary responsibility of the Security Council for the maintenance of international peace and security, Recalling its resolutions 1160 (1998) of 31 March 1998, 1199 (1998) of 23 September 1998, 1203 (1998) of 24 October 1998 and 1239 (1999) of 14 May 1999,

Regretting that there has not been full compliance with the requirements of these resolutions,

Determined to resolve the grave humanitarian situation in Kosovo, Federal Republic of Yugoslavia, and to provide for the safe and free return of all refugees and displaced persons to their homes,

Condemning all acts of violence against the Kosovo population as well as all terrorist acts by any party,

Recalling the statement made by the Secretary-General on 9 April 1999, expressing concern at the humanitarian tragedy taking place in Kosovo,

Reaffirming the right of all refugees and displaced persons to return to their homes in safety,

Recalling the jurisdiction and the mandate of the International Tribunal for the Former Yugoslavia,

Welcoming the general principles on a political solution to the Kosovo crisis adopted on 6 May 1999 (S/1999/516, annex 1 to this resolution) and welcoming also the acceptance by the Federal Republic of Yugoslavia of the principles set forth in points 1 to 9 of the paper presented in Belgrade on 2 June 1999 (S/1999/649, annex 2 to this resolution), and the Federal Republic of Yugoslavia's agreement to that paper,

150   *A Questão da Macedónia*

Reaffirming the commitment of all Member States to the sovereignty and territorial integrity of the Federal Republic of Yugoslavia and the other States of the region, as set out in the Helsinki Final Act and annex 2,

Reaffirming the call in previous resolutions for substantial autonomy and meaningful self-administration for Kosovo,

Determining that the situation in the region continues to constitute a threat to international peace and security,

Determined to ensure the safety and security of international personnel and the implementation by all concerned of their responsibilities under the present resolution, and *acting* for these purposes under Chapter VII of the Charter of the United Nations,

1. *Decides* that a political solution to the Kosovo crisis shall be based on the general principles in annex 1 and as further elaborated in the principles and other required elements in annex 2;

2. *Welcomes* the acceptance by the Federal Republic of Yugoslavia of the principles and other required elements referred to in paragraph 1 above, and demands the full cooperation of the Federal Republic of Yugoslavia in their rapid implementation;

3. *Demands* in particular that the Federal Republic of Yugoslavia put an immediate and verifiable end to violence and repression in Kosovo, and begin and complete verifiable phased withdrawal from Kosovo of all military, police and paramilitary forces according to a rapid timetable, with which the deployment of the international security presence in Kosovo will be synchronized;

4. *Confirms* that after the withdrawal an agreed number of Yugoslav and Serb military and police personnel will be permitted to return to Kosovo to perform the functions in accordance with annex 2;

5. *Decides* on the deployment in Kosovo, under United Nations auspices, of international civil and security presences, with appropriate equipment and personnel as required, and welcomes the agreement of the Federal Republic of Yugoslavia to such presences;

6. *Requests* the Secretary-General to appoint, in consultation with the Security Council, a Special Representative to control the implementation of the international civil presence, and *further requests* the Secretary--General to instruct his Special Representative to coordinate closely with the international security presence to ensure that both presences operate towards the same goals and in a mutually supportive manner;

7. *Authorizes* Member States and relevant international organizations to establish the international security presence in Kosovo as set out in point

Resolution 1244 (1999)   151

4 of annex 2 with all necessary means to fulfil its responsibilities under paragraph 9 below;

8. *Affirms* the need for the rapid early deployment of effective international civil and security presences to Kosovo, and *demands* that the parties cooperate fully in their deployment;

9. Decides that the responsibilities of the international security presence to be deployed and acting in Kosovo will include:

    (a) Deterring renewed hostilities, maintaining and where necessary enforcing a ceasefire, and ensuring the withdrawal and preventing the return into Kosovo of Federal and Republic military, police and paramilitary forces, except as provided in point 6 of annex 2;

    (b) Demilitarizing the Kosovo Liberation Army (KLA) and other armed Kosovo Albanian groups as required in paragraph 15 below;

    (c) Establishing a secure environment in which refugees and displaced persons can return home in safety, the international civil presence can operate, a transitional administration can be established, and humanitarian aid can be delivered;

    (d) Ensuring public safety and order until the international civil presence can take responsibility for this task;

    (e) Supervising demining until the international civil presence can, as appropriate, take over responsibility for this task;

    (f) Supporting, as appropriate, and coordinating closely with the work of the international civil presence;

    (g) Conducting border monitoring duties as required;

    (h) Ensuring the protection and freedom of movement of itself, the international civil presence, and other international organizations;

10. *Authorizes* the Secretary-General, with the assistance of relevant international organizations, to establish an international civil presence in Kosovo in order to provide an interim administration for Kosovo under which the people of Kosovo can enjoy substantial autonomy within the Federal Republic of Yugoslavia, and which will provide transitional administration while establishing and overseeing the development of provisional democratic self-governing institutions to ensure conditions for a peaceful and normal life for all inhabitants of Kosovo;

11. *Decides* that the main responsibilities of the international civil presence will include:

(a) Promoting the establishment, pending a final settlement, of substantial autonomy and self-government in Kosovo, taking full account of annex 2 and of the Rambouillet accords (S/1999/648);

(b) Performing basic civilian administrative functions where and as long as required;

(c) Organizing and overseeing the development of provisional institutions for democratic and autonomous self-government pending a political settlement, including the holding of elections;

(d) Transferring, as these institutions are established, its administrative responsibilities while overseeing and supporting the consolidation of Kosovo's local provisional institutions and other peace-building activities;

(e) Facilitating a political process designed to determine Kosovo's future status, taking into account the Rambouillet accords (S/1999/648);

(f) In a final stage, overseeing the transfer of authority from Kosovo's provisional institutions to institutions established under a political settlement;

(g) Supporting the reconstruction of key infrastructure and other economic reconstruction;

(h) Supporting, in coordination with international humanitarian organizations, humanitarian and disaster relief aid;

(i) Maintaining civil law and order, including establishing local police forces and meanwhile through the deployment of international police personnel to serve in Kosovo;

(j) Protecting and promoting human rights;

(k) Assuring the safe and unimpeded return of all refugees and displaced persons to their homes in Kosovo;

12. *Emphasizes* the need for coordinated humanitarian relief operations, and for the Federal Republic of Yugoslavia to allow unimpeded access to Kosovo by humanitarian aid organizations and to cooperate with such organizations so as to ensure the fast and effective delivery of international aid;

13. *Encourages* all Member States and international organizations to contribute to economic and social reconstruction as well as to the safe return of refugees and displaced persons, and *emphasizes* in this context the importance of convening an international donors' conference, particularly for the purposes set out in paragraph 11 (g) above, at the earliest possible date;

14. *Demands* full cooperation by all concerned, including the international security presence, with the International Tribunal for the Former Yugoslavia;

15. *Demands* that the KLA and other armed Kosovo Albanian groups end immediately all offensive actions and comply with the requirements for demilitarization as laid down by the head of the international security presence in consultation with the Special Representative of the Secretary--General;

16. *Decides* that the prohibitions imposed by paragraph 8 of resolution 1160 (1998) shall not apply to arms and related *matériel* for the use of the international civil and security presences;

17. *Welcomes* the work in hand in the European Union and other international organizations to develop a comprehensive approach to the economic development and stabilization of the region affected by the Kosovo crisis, including the implementation of a Stability Pact for South Eastern Europe with broad international participation in order to further the promotion of democracy, economic prosperity, stability and regional cooperation;

18. *Demands* that all States in the region cooperate fully in the implementation of all aspects of this resolution;

19. *Decides* that the international civil and security presences are established for an initial period of 12 months, to continue thereafter unless the Security Council decides otherwise;

20. *Requests* the Secretary-General to report to the Council at regular intervals on the implementation of this resolution, including reports from the leaderships of the international civil and security presences, the first reports to be submitted within 30 days of the adoption of this resolution;

21. *Decides* to remain actively seized of the matter.

ANNEX 1
Statement by the Chairman on the conclusion of the meeting of the G-8 Foreign Ministers held at the Petersberg Centre on 6 May 1999

The G-8 Foreign Ministers adopted the following general principles on the political solution to the Kosovo crisis:

– Immediate and verifiable end of violence and repression in Kosovo;

154 *A Questão da Macedónia*

- Withdrawal from Kosovo of military, police and paramilitary forces;
- Deployment in Kosovo of effective international civil and security presences, endorsed and adopted by the United Nations, capable of guaranteeing the achievement of the common objectives;
- Establishment of an interim administration for Kosovo to be decided by the Security Council of the United Nations to ensure conditions for a peaceful and normal life for all inhabitants in Kosovo;
- The safe and free return of all refugees and displaced persons and unimpeded access to Kosovo by humanitarian aid organizations;
- A political process towards the establishment of an interim political framework agreement providing for a substantial self-government for Kosovo, taking full account of the Rambouillet accords and the principles of sovereignty and territorial integrity of the Federal Republic of Yugoslavia and the other countries of the region, and the demilitarization of the KLA;
- Comprehensive approach to the economic development and stabilization of the crisis region.

ANNEX 2

Agreement should be reached on the following principles to move towards a resolution of the Kosovo crisis:

1. An immediate and verifiable end of violence and repression in Kosovo.

2. Verifiable withdrawal from Kosovo of all military, police and paramilitary forces according to a rapid timetable.

3. Deployment in Kosovo under United Nations auspices of effective international civil and security presences, acting as may be decided under Chapter VII of the Charter, capable of guaranteeing the achievement of common objectives.

4. The international security presence with substantial North Atlantic Treaty Organization participation must be deployed under unified command and control and authorized to establish a safe environment for all people in Kosovo and to facilitate the safe return to their homes of all displaced persons and refugees.

5. Establishment of an interim administration for Kosovo as a part of the international civil presence under which the people of Kosovo can

enjoy substantial autonomy within the Federal Republic of Yugoslavia, to be decided by the Security Council of the United Nations. The interim administration to provide transitional administration while establishing and overseeing the development of provisional democratic self-governing institutions to ensure conditions for a peaceful and normal life for all inhabitants in Kosovo.

6. After withdrawal, an agreed number of Yugoslav and Serbian personnel will be permitted to return to perform the following functions:
- Liaison with the international civil mission and the international security presence;
- Marking/clearing minefields;
- Maintaining a presence at Serb patrimonial sites;
- Maintaining a presence at key border crossings.

7. Safe and free return of all refugees and displaced persons under the supervision of the Office of the United Nations High Commissioner for Refugees and unimpeded access to Kosovo by humanitarian aid organizations.

8. A political process towards the establishment of an interim political framework agreement providing for substantial self-government for Kosovo, taking full account of the Rambouillet accords and the principles of sovereignty and territorial integrity of the Federal Republic of Yugoslavia and the other countries of the region, and the demilitarization of UCK. Negotiations between the parties for a settlement should not delay or disrupt the establishment of democratic self-governing institutions.

9. A comprehensive approach to the economic development and stabilization of the crisis region. This will include the implementation of a stability pact for South-Eastern Europe with broad international participation in order to further promotion of democracy, economic prosperity, stability and regional cooperation.

10. Suspension of military activity will require acceptance of the principles set forth above in addition to agreement to other, previously identified, required elements, which are specified in the footnote below.1 A military-technical agreement will then be rapidly concluded that would, among other things, specify additional modalities, including the roles and functions of Yugoslav/Serb personnel in Kosovo:

Withdrawal
- Procedures for withdrawals, including the phased, detailed schedule and delineation of a buffer area in Serbia beyond which forces will be withdrawn;

Returning personnel
- Equipment associated with returning personnel;
- Terms of reference for their functional responsibilities;
- Timetable for their return;
- Delineation of their geographical areas of operation;
- Rules governing their relationship to the international security presence and the international civil mission.

Notes

[1] Other required elements:
- A rapid and precise timetable for withdrawals, meaning, e.g., seven days to complete withdrawal and air defence weapons withdrawn outside a 25 kilometre mutual safety zone within 48 hours;
- Return of personnel for the four functions specified above will be under the supervision of the international security presence and will be limited to a small agreed number (hundreds, not thousands);
- Suspension of military activity will occur after the beginning of verifiable withdrawals;
- The discussion and achievement of a military-technical agreement shall not extend the previously determined time for completion of withdrawals.

FRAMEWORK AGREEMENT
Concluded at Ohrid, Macedonia
Signed at Skopje, Macedonia on 13 August 2001

The following points comprise an agreed framework for securing the future of Macedonia's democracy and permitting the development of closer and more integrated relations between the Republic of Macedonia and the Euro-Atlantic community. This Framework will promote the peaceful and harmonious development of civil society while respecting the ethnic identity and the interests of all Macedonian citizens.

1. Basic Principles

1.1. The use of violence in pursuit of political aims is rejected completely and unconditionally. Only peaceful political solutions can assure a stable and democratic future for Macedonia.

1.2. Macedonia's sovereignty and territorial integrity, and the unitary character of the State are inviolable and must be preserved. There are no territorial solutions to ethnic issues.

1.3. The multi-ethnic character of Macedonia's society must be preserved and reflected in public life.

1.4. A modern democratic state in its natural course of development and maturation must continually ensure that its Constitution fully meets the needs of all its citizens and comports with the highest international standards, which themselves continue to evolve.

1.5. The development of local self-government is essential for encouraging the participation of citizens in democratic life, and for promoting respect for the identity of communities.

2. **Cessation of Hostilities**

2.1. The parties underline the importance of the commitments of July 5, 2001. There shall be a complete cessation of hostilities, complete voluntary disarmament of the ethnic Albanian armed groups and their complete voluntary disbandment. They acknowledge that a decision by NATO to assist in this context will require the establishment of a general, unconditional and open-ended cease-fire, agreement on a political solution to the problems of this country, a clear commitment by the armed groups to voluntarily disarm, and acceptance by all the parties of the conditions and limitations under which the NATO forces will operate.

3. **Development of Decentralized Government**

3.1. A revised Law on Local Self-Government will be adopted that reinforces the powers of elected local officials and enlarges substantially their competencies in conformity with the Constitution (as amended in accordance with Annex A) and the European Charter on Local Self--Government, and reflecting the principle of subsidiarity in effect in the European Union. Enhanced competencies will relate principally to the areas of public services, urban and rural planning, environmental protection, local economic development, culture, local finances, education, social welfare, and health care. A law on financing of local self-government will be adopted to ensure an adequate system of financing to enable local governments to fulfill all of their responsibilities.

3.2. Boundaries of municipalities will be revised within one year of the completion of a new census, which will be conducted under international supervision by the end of 2001. The revision of the municipal boundaries will be effectuated by the local and national authorities with international participation.

3.3. In order to ensure that police are aware of and responsive to the needs and interests of the local population, local heads of police will be selected by municipal councils from lists of candidates proposed by the Ministry of Interior, and will communicate regularly with the councils. The Ministry of Interior will retain the authority to remove local heads of police in accordance with the law.

4. **Non-Discrimination and Equitable Representation**

4.1. The principle of non-discrimination and equal treatment of all under the law will be respected completely. This principle will be applied in particular with respect to employment in public administration and public enterprises, and access to public financing for business development.

4.2. Laws regulating employment in public administration will include measures to assure equitable representation of communities in all central and local public bodies and at all levels of employment within such bodies, while respecting the rules concerning competence and integrity that govern public administration. The authorities will take action to correct present imbalances in the composition of the public administration, in particular through the recruitment of members of under-represented communities. Particular attention will be given to ensuring as rapidly as possible that the police services will generally reflect the composition and distribution of the population of Macedonia, as specified in Annex C.

4.3. For the Constitutional Court, one-third of the judges will be chosen by the Assembly by a majority of the total number of Representatives that includes a majority of the total number of Representatives claiming to belong to the communities not in the majority in the population of Macedonia. This procedure also will apply to the election of the Ombudsman (Public Attorney) and the election of three of the members of the Judicial Council.

5. **Special Parliamentary Procedures**

5.1. On the central level, certain Constitutional amendments in accordance with Annex A and the Law on Local Self-Government cannot be approved without a qualified majority of two-thirds of votes, within which there must be a majority of the votes of Representatives claiming to belong to the communities not in the majority in the population of Macedonia.

5.2. Laws that directly affect culture, use of language, education, personal documentation, and use of symbols, as well as laws on local finances, local elections, the city of Skopje, and boundaries of municipalities must receive a majority of votes, within which there must be a majority of the votes of the Representatives claiming to belong to the communities not in the majority in the population of Macedonia.

6. Education and Use of Languages

6.1. With respect to primary and secondary education, instruction will be provided in the students' native languages, while at the same time uniform standards for academic programs will be applied throughout Macedonia.

6.2. State funding will be provided for university level education in languages spoken by at least 20 percent of the population of Macedonia, on the basis of specific agreements.

6.3. The principle of positive discrimination will be applied in the enrolment in State universities of candidates belonging to communities not in the majority in the population of Macedonia until the enrolment reflects equitably the composition of the population of Macedonia.

6.4. The official language throughout Macedonia and in the international relations of Macedonia is the Macedonian language.

6.5. Any other language spoken by at least 20 percent of the population is also an official language, as set forth herein. In the organs of the Republic of Macedonia, any official language other than Macedonian may be used in accordance with the law, as further elaborated in Annex B. Any person living in a unit of local self-government in which at least 20 percent of the population speaks an official language other than Macedonian may use any official language to communicate with the regional office of the central government with responsibility for that municipality; such an office will reply in that language in addition to Macedonian. Any person may use any official language to communicate with a main office of the central government, which will reply in that language in addition to Macedonian.

6.6. With respect to local self-government, in municipalities where a community comprises at least 20 percent of the population of the municipality, the language of that community will be used as an official language in addition to Macedonian. With respect to languages spoken by less than 20 percent of the population of the municipality, the local authorities will decide democratically on their use in public bodies.

6.7. In criminal and civil judicial proceedings at any level, an accused person or any party will have the right to translation at State expense of all proceedings as well as documents in accordance with relevant Council of Europe documents.

6.8. Any official personal documents of citizens speaking an official language other than Macedonian will also be issued in that language, in addition to the Macedonian language, in accordance with the law.

7. **Expression of Identity**

7.1. With respect to emblems, next to the emblem of the Republic of Macedonia, local authorities will be free to place on front of local public buildings emblems marking the identity of the community in the majority in the municipality, respecting international rules and usages.

8. **Implementation**

8.1. The Constitutional amendments attached at Annex A will be presented to the Assembly immediately. The parties will take all measures to assure adoption of these amendments within 45 days of signature of this Framework Agreement.

8.2. The legislative modifications identified in Annex B will be adopted in accordance with the timetables specified therein.

8.3. The parties invite the international community to convene at the earliest possible time a meeting of international donors that would address in particular macro-financial assistance; support for the financing of measures to be undertaken for the purpose of implementing this Framework Agreement, including measures to strengthen local self-government; and rehabilitation and reconstruction in areas affected by the fighting.

9. **Annexes**

The following Annexes constitute integral parts of this Framework Agreement:

A. Constitutional Amendments
B. Legislative Modifications
C. Implementation and Confidence-Building Measures

10. **Final Provisions**

10.1. This Agreement takes effect upon signature.

10.2. The English language version of this Agreement is the only authentic version.

162   *A Questão da Macedónia*

10.3. This Agreement was concluded under the auspices of President Boris Trajkovski.

Done at Skopje, Macedonia on 13 August 2001, in the English language.

BORIS TRAJKOVSKI
President of the Republic of Macedonia

LJUBCO GEORGIEVSKI
President of the VMRO-DPMNE

ARBEN XHAFERI
*President of the Democratic Party
of Albanians*

BRANKO CRVENKOVSKI
*President of the Social Democratic
Union of Macedonia*

IMER IMERI
*President of the Party for Democratic
Prosperity*

Witnessed By :

FRANÇOIS LÉOTARD
*Special Representative of the
European Union*

JAMES W. PARDEW
*Special Representative of the
United States of America*

ANNEX A
CONSTITUTIONAL AMENDMENTS

Preamble

The citizens of the Republic of Macedonia, taking over responsibility for the present and future of their fatherland, aware and grateful to their predecessors for their sacrifice and dedication in their endeavors and struggle to create an independent and sovereign state of Macedonia, and responsible to future generations to preserve and develop everything that is valuable from the rich cultural inheritance and coexistence within Macedonia, equal in rights and obligations towards the common good – the Republic of Macedonia, in accordance with the tradition of the Krushevo Republic and the decisions of the Antifascist People's Liberation

Assembly of Macedonia, and the Referendum of September 8, 1991, they have decided to establish the Republic of Macedonia as an independent, sovereign state, with the intention of establishing and consolidating rule of law, guaranteeing human rights and civil liberties, providing peace and coexistence, social justice, economic well-being and prosperity in the life of the individual and the community, and in this regard through their representatives in the Assembly of the Republic of Macedonia, elected in free and democratic elections, they adopt ...

ARTICLE 7

(1) The Macedonian language, written using its Cyrillic alphabet, is the official language throughout the Republic of Macedonia and in the international relations of the Republic of Macedonia.

(2) Any other language spoken by at least 20 percent of the population is also an official language, written using its alphabet, as specified below.

(3) Any official personal documents of citizens speaking an official language other than Macedonian shall also be issued in that language, in addition to the Macedonian language, in accordance with the law.

(4) Any person living in a unit of local self-government in which at least 20 percent of the population speaks an official language other than Macedonian may use any official language to communicate with the regional office of the central government with responsibility for that municipality; such an office shall reply in that language in addition to Macedonian. Any person may use any official language to communicate with a main office of the central government, which shall reply in that language in addition to Macedonian.

(5) In the organs of the Republic of Macedonia, any official language other than Macedonian may be used in accordance with the law.

(6) In the units of local self-government where at least 20 percent of the population speaks a particular language, that language and its alphabet shall be used as an official language in addition to the Macedonian language and the Cyrillic alphabet. With respect to languages spoken by less than 20 percent of the population of a unit of local self-government, the local authorities shall decide on their use in public bodies.

ARTICLE 8

(1) The fundamental values of the constitutional order of the Republic of Macedonia are:
  − the basic freedoms and rights of the individual and citizen, recognized in international law and set down in the Constitution;

164 *A Questão da Macedónia*

– equitable representation of persons belonging to all communities in public bodies at all levels and in other areas of public life;
...

ARTICLE 19

(1) The freedom of religious confession is guaranteed.

(2) The right to express one's faith freely and publicly, individually or with others is guaranteed.

(3) The Macedonian Orthodox Church, the Islamic Religious Community in Macedonia, the Catholic Church, and other Religious communities and groups are separate from the state and equal before the law.

(4) The Macedonian Orthodox Church, the Islamic Religious Community in Macedonia, the Catholic Church, and other Religious communities and groups are free to establish schools and other social and charitable institutions, by ways of a procedure regulated by law.

ARTICLE 48

(1) Members of communities have a right freely to express, foster and develop their identity and community attributes, and to use their community symbols.

(2) The Republic guarantees the protection of the ethnic, cultural, linguistic and religious identity of all communities.

(3) Members of communities have the right to establish institutions for culture, art, science and education, as well as scholarly and other associations for the expression, fostering and development of their identity.

(4) Members of communities have the right to instruction in their language in primary and secondary education, as determined by law. In schools where education is carried out in another language, the Macedonian language is also studied.

ARTICLE 56

...

(2) The Republic guarantees the protection, promotion and enhancement of the historical and artistic heritage of Macedonia and all communities in Macedonia and the treasures of which it is composed, regardless of their legal status. The law regulates the mode and conditions under which specific items of general interest for the Republic can be ceded for use.

ARTICLE 69

...

(2) For laws that directly affect culture, use of language, education, personal documentation, and use of symbols, the Assembly makes decisions by a majority vote of the Representatives attending, within which there must be a majority of the votes of the Representatives attending who claim to belong to the communities not in the majority in the population of Macedonia. In the event of a dispute within the Assembly regarding the application of this provision, the Committee on Inter-Community Relations shall resolve the dispute.

ARTICLE 77

(1) The Assembly elects the Public Attorney by a majority vote of the total number of Representatives, within which there must be a majority of the votes of the total number of Representatives claiming to belong to the communities not in the majority in the population of Macedonia.

(2) The Public Attorney protects the constitutional rights and legal rights of citizens when violated by bodies of state administration and by other bodies and organizations with public mandates. The Public Attorney shall give particular attention to safeguarding the principles of non-discrimination and equitable representation of communities in public bodies at all levels and in other areas of public life.

...

ARTICLE 78

(1) The Assembly shall establish a Committee for Inter-Community Relations.

(2) The Committee consists of seven members each from the ranks of the Macedonians and Albanians within the Assembly, and five members from among the Turks, Vlachs, Romanies and two other communities. The five members each shall be from a different community; if fewer than five other communities are represented in the Assembly, the Public Attorney, after consultation with relevant community leaders, shall propose the remaining members from outside the Assembly.

(3) The Assembly elects the members of the Committee.

(4) The Committee considers issues of inter-community relations in the Republic and makes appraisals and proposals for their solution.

(5) The Assembly is obliged to take into consideration the appraisals and proposals of the Committee and to make decisions regarding them.

(6) In the event of a dispute among members of the Assembly regarding the application of the voting procedure specified in Article 69(2), the Committee shall decide by majority vote whether the procedure applies.

ARTICLE 84

The President of the Republic of Macedonia

...

– proposes the members of the Council for Inter-Ethnic Relations ;

...

ARTICLE 86

(1) The President of the Republic is President of the Security Council of the Republic of Macedonia.

(2) The Security Council of the Republic is composed of the President of the Republic, the President of the Assembly, the Prime Minister, the Ministers heading the bodies of state administration in the fields of security, defence and foreign affairs and three members appointed by the President of the Republic. In appointing the three members, the President shall ensure that the Security Council as a whole equitably reflects the composition of the population of Macedonia.

(3) The Council considers issues relating to the security and defence of the Republic and makes policy proposals to the Assembly and the Government.

ARTICLE 104

(1) The Republican Judicial Council is composed of seven members.

(2) The Assembly elects the members of the Council. Three of the members shall be elected by a majority vote of the total number of Representatives, within which there must be a majority of the votes of the total number of Representatives claiming to belong to the communities not in the majority in the population of Macedonia.

...

Framework Agreement 167

ARTICLE 109

(1) The Constitutional Court of Macedonia is composed of nine judges.

(2) The Assembly elects six of the judges to the Constitutional Court by a majority vote of the total number of Representatives. The Assembly elects three of the judges by a majority vote of the total number of Representatives, within which there must be a majority of the votes of the total number of Representatives claiming to belong to the communities not in the majority in the population of Macedonia.

...

ARTICLE 114

...

(5) Local self-government is regulated by a law adopted by a two-thirds majority vote of the total number of Representatives, within which there must be a majority of the votes of the total number of Representatives claiming to belong to the communities not in the majority in the population of Macedonia. The laws on local finances, local elections, boundaries of municipalities, and the city of Skopje shall be adopted by a majority vote of the Representatives attending, within which there must be a majority of the votes of the Representatives attending who claim to belong to the communities not in the majority in the population of Macedonia.

ARTICLE 115

(1) In units of local self-government, citizens directly and through representatives participate in decision-making on issues of local relevance particularly in the fields of public services, urban and rural planning, environmental protection, local economic development, local finances, communal activities, culture, sport, social security and child care, education, health care and other fields determined by law.

...

ARTICLE 131

(1) The decision to initiate a change in the Constitution is made by the Assembly by a two-thirds majority vote of the total number of Representatives.

(2) The draft amendment to the Constitution is confirmed by the Assembly

by a majority vote of the total number of Representatives and then submitted to public debate.

(3) The decision to change the Constitution is made by the Assembly by a two-thirds majority vote of the total number of Representatives.

(4) A decision to amend the Preamble, the articles on local self-government, Article 131, any provision relating to the rights of members of communities, including in particular Articles 7, 8, 9, 19, 48, 56, 69, 77, 78, 86, 104 and 109, as well as a decision to add any new provision relating to the subject matter of such provisions and articles, shall require a two-thirds majority vote of the total number of Representatives, within which there must be a majority of the votes of the total number of Representatives claiming to belong to the communities not in the majority in the population of Macedonia.

(5) The change in the Constitution is declared by the Assembly.

ANNEX B
LEGISLATIVE MODIFICATIONS

The parties will take all necessary measures to ensure the adoption of the legislative changes set forth hereafter within the time limits specified.

1. Law on Local Self-Government

The Assembly shall adopt within 45 days from the signing of the Framework Agreement a revised Law on Local Self-Government. This revised Law shall in no respect be less favorable to the units of local self-government and their autonomy than the draft Law proposed by the Government of the Republic of Macedonia in March 2001. The Law shall include competencies relating to the subject matters set forth in Section 3.1 of the Framework Agreement as additional independent competencies of the units of local self-government, and shall conform to Section 6.6 of the Framework Agreement. In addition, the Law shall provide that any State standards or procedures established in any laws concerning areas in which municipalities have independent competencies shall be limited to those which cannot be established as effectively at the local level; such laws shall further promote the municipalities' independent exercise of their competencies.

2. Law on Local Finance

The Assembly shall adopt by the end of the term of the present Assembly a law on local self-government finance to ensure that the units of local self-government have sufficient resources to carry out their tasks under the revised Law on Local Self-Government. In particular, the law shall:
- Enable and make responsible units of local self-government for raising a substantial amount of tax revenue;
- Provide for the transfer to the units of local self-government of a part of centrally raised taxes that corresponds to the functions of the units of local self-government and that takes account of the collection of taxes on their territories; and
- Ensure the budgetary autonomy and responsibility of the units of local self-government within their areas of competence.

3. Law on Municipal Boundaries

The Assembly shall adopt by the end of 2002 a revised law on municipal boundaries, taking into account the results of the census and the relevant guidelines set forth in the Law on Local Self-Government.

4. Laws Pertaining to Police Located in the Municipalities

The Assembly shall adopt before the end of the term of the present Assembly provisions ensuring:
- That each local head of the police is selected by the council of the municipality concerned from a list of not fewer than three candidates proposed by the Ministry of the Interior, among whom at least one candidate shall belong to the community in the majority in the municipality. In the event the municipal council fails to select any of the candidates proposed within 15 days, the Ministry of the Interior shall propose a second list of not fewer than three new candidates, among whom at least one candidate shall belong to the community in the majority in the municipality. If the municipal council again fails to select any of the candidates proposed within 15 days, the Minister of the Interior, after consultation with the Government, shall select the local head of police from among the two lists of candidates proposed by the Ministry of the Interior as well as three additional candidates proposed by the municipal council;
- That each local head of the police informs regularly and upon request the council of the municipality concerned;

- That a municipal council may make recommendations to the local head of police in areas including public security and traffic safety; and
- That a municipal council may adopt annually a report regarding matters of public safety, which shall be addressed to the Minister of the Interior and the Public Attorney (Ombudsman).

5. **Laws on the Civil Service and Public Administration**

The Assembly shall adopt by the end of the term of the present Assembly amendments to the laws on the civil service and public administration to ensure equitable representation of communities in accordance with Section 4.2 of the Framework Agreement.

6. **Law on Electoral Districts**

The Assembly shall adopt by the end of 2002 a revised Law on Electoral Districts, taking into account the results of the census and the principles set forth in the Law on the Election of Members for the Parliament of the Republic of Macedonia.

7. **Rules of the Assembly**

The Assembly shall amend by the end of the term of the present Assembly its Rules of Procedure to enable the use of the Albanian language in accordance with Section 6.5 of the Framework Agreement, paragraph 8 below, and the relevant amendments to the Constitution set forth in Annex A.

8. **Laws Pertinent to the Use of Languages**

The Assembly shall adopt by the end of the term of the present Assembly new legislation regulating the use of languages in the organs of the Republic of Macedonia. This legislation shall provide that:
- Representatives may address plenary sessions and working bodies of the Assembly in languages referred to in Article 7, paragraphs 1 and 2 of the Constitution (as amended in accordance with Annex A);
- Laws shall be published in the languages referred to in Article 7, paragraphs 1 and 2 of the Constitution (as amended in accordance with Annex A); and

– All public officials may write their names in the alphabet of any language referred to in Article 7, paragraphs 1 and 2 of the Constitution (as amended in accordance with Annex A) on any official documents.

The Assembly also shall adopt by the end of the term of the present Assembly new legislation on the issuance of personal documents.

The Assembly shall amend by the end of the term of the present Assembly all relevant laws to make their provisions on the use of languages fully compatible with Section 6 of the Framework Agreement.

9. Law on the Public Attorney

The Assembly shall amend by the end of 2002 the Law on the Public Attorney as well as the other relevant laws to ensure:

– That the Public Attorney shall undertake actions to safeguard the principles of non-discrimination and equitable representation of communities in public bodies at all levels and in other areas of public life, and that there are adequate resources and personnel within his office to enable him to carry out this function;
– That the Public Attorney establishes decentralized offices;
– That the budget of the Public Attorney is voted separately by the Assembly;
– That the Public Attorney shall present an annual report to the Assembly and, where appropriate, may upon request present reports to the councils of municipalities in which decentralized offices are established; and
– That the powers of the Public Attorney are enlarged:
– To grant to him access to and the opportunity to examine all official documents, it being understood that the Public Attorney and his staff will not disclose confidential information;
– To enable the Public Attorney to suspend, pending a decision of the competent court, the execution of an administrative act, if he determines that the act may result in an irreparable prejudice to the rights of the interested person; and
– To give to the Public Attorney the right to contest the conformity of laws with the Constitution before the Constitutional Court.

10. Other Laws

The Assembly shall enact all legislative provisions that may be necessary to give full effect to the Framework Agreement and amend or abrogate all provisions incompatible with the Framework Agreement.

172   *A Questão da Macedónia*

ANNEX C
IMPLEMENTATION AND CONFIDENCE-BUILDING MEASURES

1. International Support

1.1. The parties invite the international community to facilitate, monitor and assist in the implementation of the provisions of the Framework Agreement and its Annexes, and request such efforts to be coordinated by the EU in cooperation with the Stabilization and Association Council.

2. Census and Elections

2.1. The parties confirm the request for international supervision by the Council of Europe and the European Commission of a census to be conducted in October 2001.

2.2. Parliamentary elections will be held by 27 January 2002. International organizations, including the OSCE, will be invited to observe these elections.

3. Refugee Return, Rehabilitation and Reconstruction

3.1. All parties will work to ensure the return of refugees who are citizens or legal residents of Macedonia and displaced persons to their homes within the shortest possible timeframe, and invite the international community and in particular UNHCR to assist in these efforts.

3.2. The Government with the participation of the parties will complete an action plan within 30 days after the signature of the Framework Agreement for rehabilitation of and reconstruction in areas affected by the hostilities. The parties invite the international community to assist in the formulation and implementation of this plan.

3.3. The parties invite the European Commission and the World Bank to rapidly convene a meeting of international donors after adoption in the Assembly of the Constitutional amendments in Annex A and the revised Law on Local Self-Government to support the financing of measures to be undertaken for the purpose of implementing the Framework Agreement and its Annexes, including measures to strengthen local self-government and reform the police services, to address macro-financial assistance to the Republic of Macedonia, and to support the rehabilitation and reconstruction measures identified in the action plan identified in paragraph 3.2.

4. Development of Decentralized Government

4.1. The parties invite the international community to assist in the process of strengthening local self-government. The international community should in particular assist in preparing the necessary legal amendments related to financing mechanisms for strengthening the financial basis of municipalities and building their financial management capabilities, and in amending the law on the boundaries of municipalities.

5. Non-Discrimination and Equitable Representation

5.1. Taking into account i.a. the recommendations of the already established governmental commission, the parties will take concrete action to increase the representation of members of communities not in the majority in Macedonia in public administration, the military, and public enterprises, as well as to improve their access to public financing for business development.

5.2. The parties commit themselves to ensuring that the police services will by 2004 generally reflect the composition and distribution of the population of Macedonia. As initial steps toward this end, the parties commit to ensuring that 500 new police officers from communities not in the majority in the population of Macedonia will be hired and trained by July 2002, and that these officers will be deployed to the areas where such communities live. The parties further commit that 500 additional such officers will be hired and trained by July 2003, and that these officers will be deployed on a priority basis to the areas throughout Macedonia where such communities live. The parties invite the international community to support and assist with the implementation of these commitments, in particular through screening and selection of candidates and their training. The parties invite the OSCE, the European Union, and the United States to send an expert team as quickly as possible in order to assess how best to achieve these objectives.

5.3. The parties also invite the OSCE, the European Union, and the United States to increase training and assistance programs for police, including:
- professional, human rights, and other training;
- technical assistance for police reform, including assistance in screening, selection and promotion processes;
- development of a code of police conduct;
- cooperation with respect to transition planning for hiring and deployment of police officers from communities not in the majority in Macedonia; and
- deployment as soon as possible of international monitors and police advisors in sensitive areas, under appropriate arrangements with relevant authorities.

5.4. The parties invite the international community to assist in the training of lawyers, judges and prosecutors from members of communities not in the majority in Macedonia in order to be able to increase their representation in the judicial system.

6. **Culture, Education and Use of Languages**

6.1. The parties invite the international community, including the OSCE, to increase its assistance for projects in the area of media in order to further strengthen radio, TV and print media, including Albanian language and multiethnic media. The parties also invite the international community to increase professional media training programs for members of communities not in the majority in Macedonia. The parties also invite the OSCE to continue its efforts on projects designed to improve inter-ethnic relations.

6.2. The parties invite the international community to provide assistance for the implementation of the Framework Agreement in the area of higher education.

NATO CONFIDENTIAL
CLOSE-HOLD

To: Permanent Representatives (Council)
From: Secretary General
Subject: Letter from President Trajkovski

I attach for your information a letter wich I have received today from Boris Trajkovski, President of the former Yugoslav Republic of Macedonia[1].

GEORGE ROBERTSON
(Signed)

---

[1] Turkey recognises the Republic of Macedonia with its constitutional name.

NATO CONFIDENTIAL
CLOSE-HOLD

PRESIDENT
REPUBLIC OF MACEDONIA

Skopje, 13 August 2001

Dear Secretary General,

I hereby confirm that the NLA will be able to benefit from the opportunities offered by the Government for re-integrating into society in accordance with my Plan and Programme for Overcoming the Crisis. In this context, the Government of the Republic of Macedonia will offer immunity from penal proceedings for all former members of the NLA who have voluntarily disarmed, with the exception of those suspected of having committed crimes for wich the United Nations International Criminal Tribunal for Former Yugoslavia is competent.

BORIS TRAJKOVSKI

Lord George Robertson
Of Port Ellen
Secretary General of Nato

JOINT DECLARATION UNMIK – FRY
Belgrade, 5 November, 2001

GENERAL

1. Confirms the basic principles of United Nations Security Council Resolution (UNSCR) 1244 (1999) and the shared belief that the Resolution can only be successfully implemented through the joint efforts of all concerned parties. It is in the interest of all parties to do their utmost to promote the objectives of the Resolution and to consider the concerns of other parties and to strive to resolve them through cooperation.

2. Reaffirms the obligations stipulated in UNSCR 1244 on security and human rights, the return of all displaced persons and refugees as well as the unchallenged authority of UNMIK to implement UNSCR 1244 and confirms that all communities in Kosovo have the same rights and that UNMIK shall support these rights.

3. Affirms our determination to address actively the justified concerns of the Kosovo Serbs and other communities in Kosovo and firmly commits to continue to address these, so that all communities will be able to fully rely on the prerequisites and principles underpinning the international effort in Kosovo. Non-discriminatory treatment for all the citizens represents the basis for a multi-ethnic, multi-religious and multi-cultural Kosovo.

4. Promotes the protection of the rights and interests of Kosovo Serbs and other communities in Kosovo, based on the principles stated in UNSCR 1244, including the sovereignty and the territorial integrity of the Federal Republic of Yugoslavia, as well as in the Constitutional Framework for Provisional Self-government.

5. Reaffirms that the position on Kosovo's future status remains as stated in UNSCR 1244, and that this cannot be changed by any action taken by the Provisional Institutions of Self-government.

178 *A Questão da Macedónia*

6. Welcomes the recently established cooperation between UNMIK on one side and the Federal Republic of Yugoslavia, through the Coordination Centre for Kosovo, on the other. Affirms the establishment of a high--ranking working group under the authority of the SRSG, which will include representatives of the FRY (President and members of the Coordinating Centre) on one side and UNMIK and, once established, the Provisional Institutions of Self-government on the other side. This group shall provide for a continued and sustainable cooperative approach covering areas of mutual interest and common concern in order to secure a timely and regular consultation and coordination. The high-ranking working group may establish working bodies within specific areas of mutual interest.

7. Reiterates the commitment of solving the fate of the missing persons, and points out that this open wound of all communities can only be healed through cooperation and sharing of information.

8. Honors the indisputable right of displaced persons and refugees to return to their homes and assures that the irreversible process has begun.

9. Warmly welcomes the extensive participation of all communities in the process of registration and supports the aspiration that no one should be denied the benefits of democracy.

10. Stresses that the next stage in the process is to promote the development of democracy, security and prosperity and that the election presents an opportunity for a new democratic start with the establishment of the substantial Self-government and the basis for an open dialogue on a shared regional and European future, which will require cooperation between all communities in Kosovo and between democratically elected leaders in Kosovo, the Republic of Serbia and the Federal Republic of Yugoslavia.

11. Strongly recommends the Kosovo Serbs to actively engage in the future of a multiethnic Kosovo by participating in the 17 November election and the institutions of the Provisional Self-government.

SPECIFIC AREAS OF ENGAGEMENT AND COMMON INTEREST

Security, Protection and Freedom of Movement The ensuring of security for all communities is the key condition for a multiethnic Kosovo. It is necessary to enhance the level of general security and protection of vulnerable persons, settlements, communications and cultural sites and property, and full freedom of movement in Kosovo. Recognizes the need for enhanced cooperation between UNMIK, the Federal Republic of Yugoslavia, and the Republic of Serbia to increase freedom of movement at administrative boundary crossing points between Kosovo and areas within the Federal Republic of Yugoslavia and agrees to increased operational coordination and security at these locations.

Recognizes UNMIK's commitment to increase freedom of movement through the issuance of free license plates to Kosovo Serbs, as well as the planned establishment of a train service and transport from Kosovo throughout the FRY.

Missing Persons Reiterates the commitment of solving the fate of the approximately 4,000 missing persons from all communities, and to that end, UNMIK agrees to, by 31 December 2002, investigate all non-surveyed gravesites in Kosovo and undertake exhumations of all human remains, and to process, through DNA testing and ante- and post-mortem data, 1,250 unidentified human remains held throughout Kosovo with a view to their identification and return to family members.

Recognizes that the exhumation and identification progamme is only part of the activities related to missing persons, thus obliging UNMIK and FRY authorities to cooperate in full transparency and to share all relevant data and information.

This cooperation shall also include work on gravesite locations.

Return of Refugees and Displaced Persons Honoring the indisputable right of displaced persons and refugees to return to their homes, UNMIK will establish as a priority an Office of Return under the direct supervision of the SRSG, acting as the operative, coordinating body for the furtherance of the process, including by suggesting a new plan for returns covering 2002-2003. In the process all relevant actors shall be represented, including, as appropriate, from the Provisional Institutions of Self-government, IDP and refugee communities as well as host area authorities with a view for appropriate facilitation. The fragile process must be sustainable and considerable measures will be taken to ensure the safety of the returnees. This key issue shall be given priority and the Provisional Institutions of the Self--government are expected to support returns actively.

Reaffirms the right for refugees and internally displaced persons to recover their property and possessions and acknowledges that the restitution of property or compensation is crucial to the return process. Donor support, through established mechanisms, from the international community, and the FRY, is key to the return process.

Property Rights Fully recognizes the inalienable right to private property as one of the cornerstones of a democratic society and reiterates the firm determination to reinstall property to their legal owners when this is not the case. Recalling the claim process till now, UNMIK undertakes to improve the processing of claims. UNMIK shall identify practical solutions for the implementation of decisions made by the Housing and Property Claims Commission and commits to the opening of offices in Serbia this year and in Montenegro early next year in order to facilitate the filing of claims by internally displaced persons. The claims intake deadline will be prolonged to 1 December 2002.

Protection of Cultural Sites and Property Confirms the will to apply the relevant provisions of the Hague Convention (1954) regarding the protection of cultural sites and property in Kosovo.

Judiciary Recognizes that in order to address in an unbiased manner issues related to inter-ethnic criminal activities, there is a need to expand the number of international judges and prosecutors within the Kosovo judiciary. UNMIK will double the numbers of international judges and prosecutors within the next six months, ensure the consideration of their use in serious inter-ethnic criminal cases, and promote active cooperation between the Kosovo judiciary, whether local or international, and the Serbian and Yugoslav judiciary.

Confirms the commitment of UNMIK to the creation of a multiethnic judiciary in Kosovo, which shall enjoy the trust of all communities, and, to that end, agrees to the immediate consideration for appointment of Kosovo Serb judges and prosecutors within the Kosovo judiciary and to provide adequate security for the proper discharge of their responsibilities.

Reiterates UNMIK's commitment to ensure access to the Kosovo courts by the Serb population and, to that end, UNMIK agrees to immediately create and staff a new unit within the UNMIK Department of Justice that will be responsible for furthering efforts in this area by focusing resources and personnel on issues of accessibility to the courts and the employment of Serbs and other non-Albanians within the Kosovo court system.

UNMIK shall endeavor to improve the court system, and Kosovo Serb judges and prosecutors should primarily work in the courts in municipal court districts, where Serbs are a majority and in mixed communities, thus securing that there will be no ethnic bias in the Kosovo judicial system.

Affirms that there is a need to increase the number of Kosovo Serbs employed by the Kosovo Correctional Service, and to that end, UNMIK agrees to the immediate consideration for employment of Kosovo Serb applicants within the Kosovo Correctional Service.

Agrees that a joint working group including participants from UNMIK and the Federal Republic of Yugoslavia will review cases of serious crimes allegedly committed by Kosovo Serbs, in which international judges and prosecutors did not participate, in order to alleviate concerns of ethnic bias.

Confirms that the Kosovo Albanian detainees held within the prisons and detention centers of the Republic of Serbia for offenses that they are alleged to have committed in Kosovo should, after a review of their cases according to international standards, be transferred to Kosovo and the authority of the UNMIK prison system as soon as possible.

Police Cooperation Recognizes that the fight against crime and criminal organizations is an area of mutual concern, particularly in the areas of trafficking of drugs and women, money laundering and smuggling of weapons and that it must be addressed through an enhanced level of coordination and cooperation, which will include the sharing of information relevant to criminals and criminal organizations and regular monthly meetings of a joint committee between UNMIK, the Federal Republic of Yugoslavia and the Republic of Serbia.

Action against Terrorism Undertakes, within the framework of police cooperation, to combat terrorism destabilizing regional security and confidence building efforts.

Development of the Kosovo Police Service Firmly reiterates the commitment to continue to develop and strengthen the Kosovo Police Service so that all communities can confide in a professional, multiethnic and inclusive police force, with the primary objective to serve and protect the rights of all the people of Kosovo, and further commits to prioritise the recruitment of more Kosovo Serbs, especially from the northern part of Kosovo.

Kosovo Serb KPS officers will primarily be working in areas where there is a majority of Serbs and in mixed communities. UNMIK will strive to ensure that the ethnic composition of the KPS shall reflect the ethnic composition of the area in which they work.

Multiethnic Civil Service Commits to continue to develop a multiethnic and multilingual Civil Service in Kosovo that shall be recruited from all communities in order to reflect the multiethnic character of Kosovo and which will be secured by implementing non-discriminatory personnel policies in all areas and levels. The Civil Service will meet high standards of accessibility, equal treatment and professionalism and UNMIK confirms that the representation of Kosovo Serbs in the Provisional Institutions of Self-government shall be closely proportionate to their representation in the Assembly.

Local Government Commits to promote increased Kosovo Serb participation in the institutions and administration of Kosovo. UNMIK will also delegate further competencies to the municipal level and thoroughly reassess, and if necessary adjust, the Kosovo Serb representation in each municipality, as well as the operation of local community structures, which shall be closely proportional to their representation in municipal assemblies, in order to promote inclusiveness.

Education Ensures that the Kosovo Serb community will have access to education in their own language from primary school to university. The educational curricula will make the Kosovo Serb educational structures adequately compatible with the Serbian education system and labour market requirements.

Information and Media Undertakes to further develop the dissemination of information, including from the FRY, and media targeted at the Kosovo Serb community. This may include the establishment of more independent TV and radio stations.

UNANIMOUSLY ADOPTING RESOLUTION 1371 ON FORMER YUGOSLAV REPUBLIC OF MACEDONIA,
Security Council again Rejects Violence in Pursuit of Political Aims

The Security Council this afternoon called for the full implementation of its resolution 1345 (2001) as it met on the situation in the former Yugoslav Republic of Macedonia.

In that resolution, adopted on 21 March, the Council strongly condemned extremist violence, including terrorist activities, in certain parts of the former Yugoslav Republic of Macedonia and certain municipalities in southern Serbia, Federal Republic of Yugoslavia. It also noted that such violence had support from ethnic Albanian extremists outside those areas, and constituted a threat to the security and stability of the wider region.

Also by that text, the Council demanded that all those currently engaged in armed action against the authorities of those States should immediately cease all such actions, lay down their weapons and return to their homes. It also called on Kosovo Albanian political leaders, and leaders of the ethnic Albanian communities in the former Yugoslav Republic, southern Serbia and elsewhere, to publicly condemn violence and ethnic intolerance and to use their influence to secure peace. It also called on those who had contact with armed extremist groups to make clear that they had no support from any quarter in the international community.

In unanimously adopting resolution 1371 (2001) this afternoon, the Council supported the full and timely implementation of the Framework Agreement; rejected the use of violence in pursuit of political aims; and stressed that only peaceful political solutions could assure a stable and more democratic future in the former Yugoslav Republic of Macedonia.

President Boris Trajkovski of the former Yugoslav Republic of Macedonia and the leaders of four political parties signed the Framework Agreement at Skopje on 13 August. The Agreement promotes the peaceful and harmonious development of civil society, while respecting the ethnic identity and interests of all Macedonian citizens.

By other terms of the resolution, the Council endorsed the efforts of member States and relevant international organizations to support the implementation of the Agreement. In that regard, it strongly supported the establishment of a multinational security presence in the former Yugoslav Republic of Macedonia to contribute to the security of observers as requested by that country's Government.

By further terms, the Council demanded all concerned to ensure the safety of international personnel in the former Yugoslav Republic of Macedonia.

The meeting began at 12:35 p.m. and was adjourned at 12:39 p.m.

Background

The United Nations Preventive Deployment Force (UNPREDEP) in the former Yugoslav Republic of Macedonia (FYROM) was the first mission in the history of United Nations peacekeeping to have a preventive mandate. On 21 February 1992, the Security Council, by resolution 743 (1992), established UNPROFOR for an initial period of 12 months to create the conditions of peace and security required for the negotiation of an overall settlement of the crisis in the former Yugoslavia. The UNPREDEP's main mandated task was to monitor and report any developments in the border areas which could undermine confidence and stability in the former Yugoslav Republic of Macedonia and threaten its territory. The mission served as an early warning source for the Council, helped to strengthen mutual dialogue among political parties and assisted in monitoring human rights as well as inter-ethnic relations in the country.

On 9 April 1997, in light of the volatile situation in Albania, the Council in resolution 1105 (1997) suspended the reduction of the military component of UNPREDEP. By resolution 1110 (1997) of 28 May, it extended the Force's mandate for another six months until 30 November, at the same time that it decided on the start of a two-month phased reduction of the mission's military component by 300, beginning 1 October.

Later in that year, with positive developments reported in and around the former Yugoslav Republic of Macedonia, the Council, in resolution 1142 (1997) of 4 December, extended UNPREDEP's mandate until 31 August 1998, and decided that its military component would remain at its current strength of 750 troops, and then be immediately withdrawn upon the expiration of that extension. The Secretary-General was requested to make recommendations on the type of international presence appropriate as a follow-on to UNPREDEP.

On 26 June 1998, the Assembly appropriated $21.1 million to maintain the Force from 1 July 1998 to 30 June 1999. In July 1998, the Council extended the mandate of UNPREDEP until 28 February 1999 and authorized increasing its troop strength up to 1,050. By resolution 1186 (1998), UNPREDEP would continue to deter threats and prevent clashes, and would report to the Secretary-General on developments which could threaten the former Yugoslav Republic of Macedonia, including illicit arms flows and other activities which the Council had prohibited by its resolution 1160 (1998). The extension altered the Council's earlier plan to continue the Force only through 31 August 1998.

As of 30 November 1998, the mission's total uniformed personnel strength stood at 906, comprised of 846 troops, 35 military observers and 25 civilian police.

On 25 February 1999, however, UNPREDEP's mandate was not renewed beyond 28 February 1999, as the Council failed to adopt a draft on a six-month extension due to a veto by China on that date. By a vote of 13 in favour to one against (China), with one abstention (Russian Federation), the eight-nation draft resolution (S/1999/201), sponsored by Canada, France, Germany, Italy, Netherlands, Slovenia, United Kingdom and the United States — which would have extended UNPREDEP's mandate for another six months — was not adopted.

Speaking after the vote, China's representative said his Government had always maintained that United Nations peacekeeping operations, including preventive deployment missions, should not be open-ended. The situation in the former Yugoslav Republic of Macedonia had apparently stabilized in the past few years and its relations with neighbouring countries had improved. Several United Nations Member States, however, addressed the Council, and expressed regret at China's veto. They argued that there could be a spillover of the tensions from Kosovo across the border with the former Yugoslav Republic of Macedonia.

186   *A Questão da Macedónia*

Secretary-General Kofi Annan said in a statement after the Council vote that a new approach would have to be adopted by the Government of the former Yugoslav Republic of Macedonia and its neighbours, in consultation with regional organizations. In a report before the Council prior to the vote, he had recommended that UNPREDEP be extended for another six-month period — through 31 August.

The Force's extension was also requested by the former Yugoslav Republic of Macedonia in a letter dated 29 January 1999, based on concern over the spillover of the Kosovo conflict, increased tensions on the Albanian-Yugoslav border, the unstable situation in Albania and the lack of progress in the demarcation of the country's border with the Federal Republic of Yugoslavia.

After the mandate came to an end on 28 February 1999, the United Nations presence in the former Yugoslav Republic of Macedonia was officially renamed UN SKOPJE.

Documents before Council

Before the Council is a letter dated 21 September, addressed to its President, from the Permanent Representative of the former Yugoslav Republic of Macedonia to the United Nations (document S/2001/897). The correspondence transmits: a letter dated 18 September from the President of the former Yugoslav Republic of Macedonia, Boris Trajkovski, addressed to the Secretary-General of the North Atlantic Treaty Organization (NATO) (see annex I); and a letter dated 17 September 2001 from the Foreign Minister of the former Yugoslav Republic of Macedonia, Ilinka Mitreva, addressed to the Organization for Security and Cooperation in Europe (OSCE) Chairman-in-Office and Foreign Minister of Romania, Mircea Geona (see annex II).

ANNEX I

In the letter from the President of the former Yugoslav Republic of Macedonia, he states that his country wishes to host an OSCE and European Union monitoring mission in the forthcoming phase of re-establishment of nationwide sovereignty. While the authorities of his country would be primarily responsible for the security of any international monitors, he recognizes, however, that concerns may still remain about their security.

In that context, the letter continues, the former Yugoslav Republic of Macedonia would be prepared to support a light NATO presence in the country, following the conclusion of Operation Essential Harvest, which would also contribute to the security of monitors. He asks whether NATO could accept such a mission. According to the President, if there is agreement in principle to the suggestion, discussions can begin immediately on the modalities of such a security presence, which would be accordingly specified in a separate memorandum of understanding or other adequate arrangement.

ANNEX II

In her letter, the Foreign Minister states that the former Yugoslav Republic of Macedonia is soon to start the implementation of the fourth phase of the plan for overcoming the crisis in the country and the establishment of peace and security. The overall aim is to restore normal conditions in her country. Her Government, at its fifteenth session on 11 September, decided to increase the number of OSCE monitors in the country. Her Government believed that there was need for further enhancement of the OSCE spillover monitor mission to Skopje, in order to provide the necessary support to the former Yugoslav Republic of Macedonia in facilitating, monitoring and assisting with the implementation of the Framework Agreement.

She goes on to say that her Government specifically requests, as a priority, a rapid deployment of OSCE monitors and police advisers in numbers sufficient to provide a visible presence throughout the sensitive areas, in accordance with needs defined by that Government. The OSCE is also invited to provide assistance in other areas, especially in the programmes on police training, media and inter-ethnic relations. Some of those programmes should also have a strict time frame. Her Government would also welcome OSCE involvement, through its Office for Democratic Institutions and Human Rights, during the forthcoming conduct of censuses and elections in the former Yugoslav Republic of Macedonia. The Government,

188   *A Questão da Macedónia*

she adds, reaffirms that it will be fully responsible for the protection, safety and security of the OSCE mission and its members.

RESOLUTION

The full text of resolution 1371 (2001) reads as follows:

"*The Security Council,*

"*Recalling* its resolutions 1244 (1999) of 10 June 1999 and 1345 (2001) of 21 March 2001 and the statements of its President of 7 March 2001 (S/PRST/ /2001/7), 16 March 2001 (S/PRST/2001/8) and 13 August 2001 (S/PRST/ /2001/20),

"*Welcoming* the steps taken by the Government of The former Yugoslav Republic of Macedonia to consolidate a multi-ethnic society within its borders, and expressing its full support for the further development of this process,

"*Welcoming* in this regard the signing of the Framework Agreement at Skopje on 13 August 2001 by the President of The former Yugoslav Republic of Macedonia and the leaders of four political parties,

"*Welcoming* international efforts, including those of the Organization for Security and Cooperation in Europe, the European Union and the North Atlantic Treaty Organization, in cooperation with the Government of The former Yugoslav Republic of Macedonia, and other States, to prevent the escalation of ethnic tensions in the area and to facilitate the full implementation of the Framework Agreement, thus contributing to peace and stability in the region,

"*Welcoming* the letter from the Permanent Representative of The former Yugoslav Republic of Macedonia to the President of the Security Council of 21 September 2001 (S/2001/897),

"1. *Reaffirms* its commitment to the sovereignty and territorial integrity of The former Yugoslav Republic of Macedonia and other States of the region;

"2. *Calls* for the full implementation of resolution 1345 (2001);

"3. *Supports* the full and timely implementation of the Framework Agreement, rejects the use of violence in pursuit of political aims and stresses that only peaceful political solutions can assure a stable and democratic future for The former Yugoslav Republic of Macedonia;

"4. *Welcomes* the efforts of the European Union and the Organization for Security and Cooperation in Europe to contribute to the implementation of the Framework Agreement, in particular through the presence of international observers;

"5. *Endorses* the efforts of Member States and relevant international organizations to support the implementation of the Framework Agreement and stron-

Resolution 1371   189

gly supports in that regard the establishment of a multinational security presence in The former Yugoslav Republic of Macedonia at the request of its Government to contribute towards the security of the observers, and invites the Government of The former Yugoslav Republic of Macedonia to keep the Council informed;

"6. *Demands* that all concerned ensure the safety of international personnel in The former Yugoslav Republic of Macedonia;

"7. *Welcomes* the efforts of the United Nations Interim Administration Mission in Kosovo and the international security presence (KFOR) to implement fully resolution 1244 (1999), in particular by further strengthening its efforts to prevent unauthorized movement and illegal arms shipments across borders and boundaries, to confiscate illegal weapons within Kosovo, Federal Republic of Yugoslavia, and to keep the Council informed;

"8. *Decides* to remain seized of the matter."

BIBLIOGRAFIA

Klaus ACHMAN – Kooperative Sicherheit: Nene Grundsatzdokumente.

Georgios AGELAPOULOS – Political Practices and Multiculturalism.

Nadine Lange AKUNDE – The Macedonian Question, From Western Sources.

Alice ACKERMANN – Making Peace Prevail. Preventing Violent Conflict in Macedonia.

Michael BROZSKA – Konversions politik in den O.S.Z.E. Staaten.

H. S. BROWN – In the Realm of the Double Headed Eagle: Para politics in Macedonia.

Elizabeth BARKER – The Origins of Macedonia Dispute.

Keith BROWN – A Rising to Count On: Ilinden Between Politics and History in Post-Yugoslavian Macedonia.

Thomas BENEDIKTEN – Il Drama del Kosovo.

António Magalhães COLAÇO – A O.N.U. e a N.A.T.O. na Manutenção da Paz e da Segurança Internacionais.

Sophia CLÉMENT – La Prévention des Conflits dans le Balkans: Le Kosovo et L'A.R.Y. de Macédoine.

– Former Yugoslav Macedonia. The Regional Setting and European Security: Towards Balkan Stability?

Noham CHOMSKY – The New Military Humanism.

Jane COWAN – Macedonia. The Politics of Identity and Difference.

Jane COWAN and K. S. BROWN – When Difference Matters; Sociopolitical Dimensions of Ethnicity in the District of Florina.

Giorgi CUCA – Status and Rights of Nationalities in the Republic of Macedonia.

Jonathan DEAN – Die Vereinigten Staaten und die O.S.Z.E.

Paul DUNAY – Zuzammenarbeit in Konfliten: Der amtierende Vorsitzende und der Generalsekretär. Ein künfigtes Problem.

Kyrid DREZOV – Macedonian Identity: The Major Claims.

Nina DOBRKOVIC – Yugoslavia and Macedonia in the Years 1991 – 1996: From Brotherhood to Neighbourhood.

Loring DANFORTH – Ecclesiastical Nationalism and the Macedonian Question.

Victor FRIEDMAN – The Modern Macedonian Standard Language and its Relation to Modern Macedonian Identity.

Michael FORTMANN/Jens HETTMANN – Kanada und die K.S.Z.E./ /O.S.Z.E. Zwisch Enthusiamus und Ernüchterung.

António Faria GIRÃO – A Questão dos Nacionalismos, Nacionalidades e Minorias Nacionais na Ex-Jugoslávia.

Victor – Yves GHEBALI – La Diplomatie de la Détente: La C.S.C.E. L'Acte Final de la O.S.C.E. et les Nations Unies.

Hans Joachim GIESSMANN – Die "West-Drift" Ostmittel Europas. Probleme und Chancen der Wirtschaftsreform und die Zuzammenarbeit in Rahmen der O.S.Z.E.

Paul GARDE – Vie et Mort de Jugoslavija.

Kiro GLIGOROV – The unrealistic Dreams of larger States.

Vassilis GOUNARIS and Iakovos MICHAILIDIS – The Pen and the Sword: Reviewing the Historiography of the Macedonian Question.

Outwin HENNING – Die K.S.Z.E./O.S.Z.E. aus Deutchen Sicht.

Heather F. HURIBURT – Das Büro für Demokratichen Institutinen und Menschenrechte.

Samuel HUNTIGTON – Das ist kein kampf der Kulturen. Welt am Sonntag.

Reginald HIBBERT – Albania, Macedonia and the British Military Missions 1943 – 1994.

Eric HOSBAWAN – A Questão do Nacionalismo.

O.S.Z.E. JAHRBUCH – Von der K.S.Z.E. zun O.S.Z.E.. Regimenwandel in Epochenwandel.

Lonnie R. JOHNSON – Central Europe. Enemies, Neighbours, Friends.

Dieter KASTRUP – 20 Jahre K.S.Z.E. 1973 – 1993. Eine Dokumentation.

Konrad KLINGENBURG – Die O.S.Z.E. Krisenmanagment in Balkankrieg.

Bettina KLEE/Anna KREIKEMEYER – Zivilisierungs fortschritt oder Aktionismus angesichts von Machtlosigkeit gegen Krieg und Gewalt in Europa.

Evangelos KOFOS – Greek policy considerations over F.Y.R.O.M. independence recognition.

Anastasia KARAKASIDOU – Transfering Identity, Constructing Consciousness. Coaction and Homogeneity in Nordwestern Greese..

Stephan LEHNE – The C.S.C.E. in the 1990's.

Dieter Lutz – Die O.S.Z.E. in Ubergang der Sicherheitsarchitektur des Zwanzigsten Yahr hundernts zum Sicherheitsmodell des Einundzwanzigsten Yahrhunderts.

– Der O.S.Z.E. Gerichtshof.

Jvan Majerin – Die Wirtschaftiche Dimension der O.S.Z.E. Neue Heraus forderungen.

António C. de Moncada. Curso de Direito Internacional Público.

Hugo S. C. de Moncada – Algumas Considerações sobre o Problema do Kosovo no Quadro da Desintegração da Jugoslávia.

Jakovos D. Mitohailidis – On the other side of the river: The defeated Slavophones and Greek History.

Dimitri Mircev – Engineering the Foreign Policy of a new Independent State; The case of Macedonia, 1990 – 1996.

Ivanka Nedeva and Naoum Kaytcher – I.M.R.O. Groupings in Bulgaria after the Second World War.

Stephan E. Nikolov – Perceptions of Etnicity in the Bulgarian Political Culture Misunderstanding and Distortion.

Carlos Santos Pereira – Do Kosovo ao Kosovo.

James Pettifer – The New Macedonian Question.

– The Albanians in Western Macedonia.

Hugh Poulton – Who Are the Macedonians?

– Non-Albanian Muslim Minorities in Macedonia.

Duncan Perry – Conflicting Ambitions and Shared Fates: The Past, Present and Future of Albanians and Macedonians.

Stephan Niksic e Pedro Caldeira Rodrigues – O Vírus Balcânico.

Adam Daniel Rotfeld – Die O.S.Z.E.: Von der Menschlichen Dimension zu Präventiven Diplomatie.

Victor Roudometov – Culture, Identity and the Macedonian Question.

Ralf Roloff – Die O.S.Z.E. und die Vereigniten Nationen. Im Wechel von Kooperation, Konkurrenz und Subsidiarität.

Jens Reuter – Policy and Economy in Macedonia.

Jonathan Schwarz – Blessing the Water the Macedonian Way.

Stephen Schwarz – Kosovo: Background to a War.

Pedrag Simic – Do the Balkans exist?

Nina Smirnova – Macedonia in the context of present-day Russian foreign policy.

Nina Smirnova and Alla Yaskova – The Balkans and the Mediterranean policy of Russia.

Pieter SWITALSKI – Die Strukturen und Institutionen der O.S.C.E.

Heinrich SCHNEIDER – Das Budapester Überprüfungstreffung und der Budapester Gipfel.

Bonka STOYANOVA-BONEVA – In search of "Big Foot": Competing Identities in Pirin Macedonia, Bulgaria.

David THOMPSON – Europe since Napoleon.

Stefan TROEBST – I.M.R.O.+100= F.Y.R.O.M.?

Piero VERENI – Os Ellin Makedonas, Memory and National Identity in Western Greek Macedonia.

Abiodum WILLIAMS – Preventing War. The United Nations and Macedonia.

Tom WINNIFRITH – The Vlachs of the Republic of Macedonia.

Rebecca WEST – Grey Falcon, Black Lamb. A Journey through Yugoslavia.